Un sistema alimentario agroecológico no consiste más acerca de alimentos orgánicos que la abolición se refiere a abrir la puerta de una prisión. En este ensayo vital, Maywa Montenegro de Wit entrelaza ideas provenientes de las literaturas políticas y ecológicas más importantes de finales del siglo XX y comienzos del XXI. La pandemia proporciona un foco para estas dos fuentes de iluminación, pero la luz brillante que proviene de unir estas disciplinas brillará mucho después de que pase la sombra de la Covid-19.
—**Raj Patel**, autor de *Stuffed and Starved* [Relleno y famélico].

El folleto resuena con la pregunta: ¿reforma o transformación? Pregunta: ¿mitigaremos y adaptaremos o revisaremos y cambiaremos nuestros imaginarios? Se nos ha dado un andamio para abordar el bastión del colonialismo y la colonialidad y para reconstruir los sistemas que ya han empujado su rodilla sobre los sistemas alimentarios y socioeconómicos que ya se estaban sofocando. Es hora de librarse de una pesadilla construida deliberadamente.
—**Nnimmo Bassey**, autor de *To Cook a Continent: Destructive Extraction and the Climate Crisis in Africa* [El cocinar un Continente: Extracción Destructiva y Crisis Climática en África] y fundador de *Health of Mother Earth Foundation* [Fundación Salud de la Madre Tierra].

La COVID-19 y otros brotes zoonóticos como el ébola son ilustrativos de las complejas interacciones entre la deforestación, la pérdida de biodiversidad, la destrucción del ecosistema y la salud y seguridad humanas. Estos cambios son impulsados principalmente por la agricultura industrial y el sistema alimentario globalizados, respaldados por el ilógico y destructivo capitalismo racial. ... Montenegro de Wit presenta argumentos convincentes a favor de cambios hacia sistemas agroecológicos diversificados que reconozcan las complejas interconexiones entre la salud humana y animal, entre las plantas y nuestro medio ambiente y futuro compartidos. De hecho, abordar las pandemias de manera sistémica no puede desvincularse de la construcción de economías y sistemas alimentarios que

se basan en las necesidades de las personas, en particular de los pequeños agricultores, y de los ecosistemas prósperos. Para lograrlo, debemos
rechazar y prohibir rotundamente la ecocida ilógica de la mercantilización, la financialización y el extractivismo, como fuerzas impulsoras de
las fortunas y los destinos humanos y ecológicos. ... El fortalecimiento
de los movimientos sociales a nivel local es indispensable para forzar la
ruta de África hacia un liderazgo político eficaz y democrático.Se necesita
una clara ruptura, dejando atrás intervenciones a favor de un desarrollo
ahistórico y tecnicista, donde la tecnología y la productividad se plantean
como problemas y soluciones, hacia un replanteamiento urgente y drás-
tico para hacer frente a las crisis sistémicas convergentes que enfrenta-
mos hoy.

—**Mariam Mayet**, directora ejecutiva del *African Centre for Biodiversity*
[Centro Africano para la Biodiversidad]

Agroecología Abolicionista, Soberanía Alimentaria y Prevención de Pandemias

Agroecología abolicionista, soberanía alimentaria y prevención de pandemias

Maywa Montenegro de Wit

Daraja Press

Published by
Daraja Press
https://darajapress.com
in association with Monthly Review Essays
2021

ISBN 9781990263293

Cover art: Creative Market, Julia Dreams
Cover design: Kate McDonnell
Translations: Franklin Montenegro Rodas & Antonio Roman-Alcalá
Series title:
Thinking Freedom—Series editor Firoze Manji
Moving Beyond Capitalism- Now!—Series editor: Howard Waitzkin

Library and Archives Canada Cataloguing in Publication
Title: Agroecología abolitionista, soberanía alimentaria y prevención
    de pandemias / Maywa Montenegro de Wit.
Other titles: Abolitionist agroecology, food sovereignty and pandemic
    prevention. Spanish
Names: Montenegro de Wit, Maywa, 1979- author.
Description: Series statement: Thinking freedom | Moving beyond
    capitalism | Translation of: Abolitionist agroecology, food
    sovereignty and pandemic prevention. | Includes bibliographical
    references.
Identifiers: Canadiana 20210323337 | ISBN 9781990263293 (softcover)
Subjects: LCSH: Agricultural ecology. | LCSH: COVID-19 Pandemic,
    2020-

Contenido

Introducción

Cuando Cedric Robinson (1983) afinó los contornos del "capitalismo racial" – anticipándose a movimientos contemporáneos como Black Lives Matter y Occupy Wall Street – él desafió la idea de que el capitalismo era una negación revolucionaria del feudalismo. En cambio, él argumentó que el capitalismo había florecido *dentro* de un orden feudal completamente racista de la civilización occidental de tal manera que ni el racismo ni el capitalismo romperían limpiamente con la vieja tradición. Más bien lo extenderían, co-evolucionando para forjar un sistema mundial moderno de capitalismo racial dependiente de la esclavitud, la violencia, el imperialismo y el genocidio" (Kelley 2017).

En 2020, COVID-19 reforzaría la tesis de Robinson, ya que se movía libremente por las vías del capital y el comercio internacionales, lo que sugiere una equivalencia radical en la medida en que ningún humano sea biológicamente inmune. También rompió cualquier experiencia real de equidad, ya que las comunidades negras, marrones e indígenas en los Estados Unidos comenzaron a contraer el virus y a morir a tasas mucho más altas que sus contrapartes blancas (CRDT 2020; Oppel et al. 2020). Luego, a fines de mayo, un mundo en cuarentena vio a un oficial de policía blanco de Minneapolis exprimir la vida de un hombre negro llamado George Floyd. Se recordó a los afroamericanos que un "regreso a la normalidad" a medida que las economías se reabrían significaba que Estados Unidos estaba "abriéndose camino de regreso a su rutina familiar" de matar a negros desarmados (Taylor 2020a). En lo que puede figurar en los libros de historia como "La rebelión de Floyd," pero fue más fundamentalmente un rechazo masivo a la violencia estatal rutinaria, las protestas y manifestaciones llevaron a comunidades de todo el mundo a las calles en defensa de las vidas de los negros.

La coyuntura creada por COVID-19 y el reconocimiento del racismo sistémico también es ahora una oportunidad para observar más de cerca el sistema agroalimentario dominante, un lugar central de rupturas en el capitalismo racial en los Estados Unidos y en todo el mundo. Algunas de sus características conducen a la génesis de nuevas enfermedades a partir de los paisajes agrarios, que incluyen, pero no se limitan a, COVID-19. Otras características permiten infección y muerte incontroladas, como se observa en los brotes entre los trabajadores de las plantas empacadoras de carne. Aún otras conducen a mayor hambre e inseguridad alimentaria. Estas vulnerabilidades revelan brechas metabólicas sociales y ecológicas profundas e interrelacionadas, que pueden escapar a los lentes reduccionistas de la mayoría de los expertos en salud pública, pero no eluden a un patógeno que, sin obstáculos por la organización y los imperativos capitalistas, continúa propagándose. Estas conexiones tampoco escapan a una lectura más holística sobre COVID-19, que es mi ímpetu para preguntar cómo la agroecología puede proporcionar una nueva comprensión de interrelaciones no exploradas hasta ahora.

La agroecología es una ciencia, práctica y movimiento que combina la sabiduría indígena y de los practicantes de agricultura con los principios de la ecología para generar sistemas alimentarios sostenibles y equitativos (Altieri 1995; Gliessman 2015). En este artículo, utilizo una lente agroecológica para ver la historia de COVID-19 como se ve a través del sistema alimentario. En la Parte 1, pregunto: ¿Cómo las transiciones agrarias y las interfaces cambiantes entre paisajes terrestres "salvajes" y "domesticados" ayudan a que los patógenos se propaguen a las poblaciones humanas? ¿De qué manera la ganadería industrial aumenta el riesgo de nuevos brotes? La Parte 2 gira desde los orígenes del brote hasta sus efectos al observar las fallas en las cadenas mundiales de suministro de alimentos y los impactos desiguales de la COVID-19 en los trabajadores del sistema alimentario, muchos de los cuales son personas pobres y de color. En la Parte 3, pregunto cómo pueden los agroecólogos intervenir de manera productiva en este momento de crisis.

Aquí, extiendo algunas ideas clásicas en agroecología, donde restaurar una matriz agrícola de alta calidad[1] es clave para coproducir la seguridad alimentaria y la conservación de la biodiversidad. La matriz se refiere a la superficie terrestre de nuestro planeta que rodea a sus porciones de vegetación natural no gestionada y cada vez más fragmentadas. La gran parte de la matriz actual está ocupada por granjas industriales. La práctica de la agroecología podría, en mi opinión, curar las grietas ecológicas metabólicas en la agricultura y, al mismo tiempo, amortiguar los riesgos de una pandemia (ver Cuadro 1). A continuación, sostengo que la agroecología debe reparar los aspectos sociales de la brecha metabólica que se extiende desde la esclavitud colonial hasta la actualidad. Con este fin, los agroecólogos pueden aprender de las políticas y prácticas de abolición en la Tradición Radical Negra (Davis 2003; Gilmore 2007), que en su esencia, rechaza la idea de detenerse en la reforma, ya sea en la esclavitud, las prisiones o la policía. Sugiero que ambas intervenciones pueden complementar importantes métodos ya propuestos para "amplificar," "masificar" y "escalar" la agroecología (Brescia 2017; Mier y Terán Giménez Cacho et al. 2018; Altieri y Nicholls 2020) y ayudar a realizar una transformación radical hacia un mundo más igualitario.

Sobre métodos: Siguiendo a los ecologistas políticos que consideran a los creadores de "textos" ser no sólo científicos sociales y naturales, sino también periodistas, activistas y organizaciones de la sociedad civil (Robbins 2011), yo analizo diversas fuentes académicas y no académicas en este artículo. La investigación sobre la abolición se basa en mi recién experiencia organizando sobre este tema y la autoeducación. Me gustaría subrayar que no soy una experta en abolición, ni pretendo serlo. Lo que espero hacer es abrir un espacio para el diálogo dentro de la agroecología sobre este tema y su potencial revolucionario. Finalmente, mis ejemplos se basan principalmente en los EE. UU., en parte porque la escala del desastre en este país dio un giro oscuro al excepcionalismo estadounidense — a mediados de noviembre del 2020, EE. UU. tenía el 23 por ciento de los casos de COVID-19 en el mundo (10.8 millones) pero sólo el 4 por ciento de

---

1.   Véase también: "Biodiversity and Agriculture: Nature's Matrix and the Future of Conservation": https://foodfirst.org/publication/biodiversity-and-agriculture-natures-matrix-and-the-future-of-conservation/; "Should agricultural policies encourage land sparing or wildlife-friendly farming?": https://doi.org/10.1890/070019

la población mundial (JHU 2020) — y en parte porque Estados Unidos es el lugar de mi propia experiencia de encierro.

Recuadro 1. Algunas definiciones

Aquí hay definiciones simples de términos clave que algunos lectores pueden encontrar útiles.

Abolición: una estrategia práctica y una visión política para eliminar la esclavitud, el encarcelamiento, la policía, el militarismo, la vigilancia y el capitalismo racial y crear alternativas duraderas a la violencia.

Agroecología: ciencia, práctica y movimiento que combina la sabiduría indígena y de los practicantes con los principios de la ecología para generar sistemas alimentarios sostenibles y equitativos.

Epistémico: se refiere a los sistemas de conocimiento. En este folleto se refiere específicamente a las formas en que las prácticas del conocimiento pueden conducir a una mayor ruptura, en lugar de reparar y curar.

Soberanía alimentaria: El derecho de los pueblos a alimentos saludables y culturalmente apropiados producidos mediante métodos ecológicamente racionales y sostenibles, y su derecho a definir sus propios sistemas alimentarios y agrícolas (de la Declaración de Nyéléni, Sélingué, Malí, 27 de febrero de 2007, https://nyeleni.org/spip.php?article290=). Véase también el recuadro 2.

Matriz: la superficie terrestre de la Tierra que rodea sus restantes parcelas de bosques y otra vegetación no gestionada y cada vez más fragmentados. Gran parte de la matriz actual está ocupada por la agricultura industrial.

Metabolismo en la naturaleza y la sociedad: Una interacción bidireccional mediante la cual la naturaleza modela constantemente la sociedad y la cultura humanas (mientras establece ciertos límites a las posibilidades) y la actividad humana (especialmente los sistemas de producción) que transforman profundamente la naturaleza.

Brecha metabólica: Una ruptura en los procesos interdependientes del metabolismo social y biológico, por el cual la industria y la agricultura a gran escala se combinan para empobrecer el suelo y al trabajador.

Capitalismo racial: el papel del racismo en la consolidación histórica del capitalismo, cuyo crecimiento y éxito dependieron de la esclavitud, la violencia, el imperialismo y el genocidio.

Silvopastoralismo: Una de varias estrategias que reintegran los sistemas de cultivo y el manejo de animales domésticos para mejorar la soberanía alimentaria y ayudar a prevenir pandemias.

1

Procedencia y alta propagación

La visión agraria

El 28 de enero del 2020, las autoridades chinas informaron que 132 personas habían muerto a causa de un nuevo coronavirus (Wang, Cheng y Huang 2020). Sólo unas semanas antes, China había identificado este virus, más tarde denominado SARS-CoV-2, como la causa de un brote de neumonía centrado en Wuhan, China (OMS 2020). Se sospechaba que el mercado de mariscos al por mayor de Huanan (en la ciudad de Wuhan) estaba relacionado con los primeros casos de neumonía notificados a fines de diciembre de 2019 (WMHC 2019), y los epidemiólogos informaron que la enfermedad, para entonces conocida como COVID-19, se había transmitido a través de contactos en ese mercado (Hui et al. 2020; P. Wu et al. 2020). Un complejo abierto de 50.000 metros cuadrados, el mercado de Huanan vendía mariscos, carne fresca, productos y animales salvajes vivos para el consumo (P. Wu et al. 2020). Aún así, se desconoce todavía la etiología exacta de la enfermedad. Un artículo en *Lancet* de febrero encontró que 13 de los 41 casos iniciales no tenían un vínculo epidemiológico conocido con el mercado (Huang et al. 2020). Estos hallazgos reforzaron la teoría de que el mercado de Wuhan podría haber sido un sitio de alta diseminación de persona a persona, en lugar de un punto de propagación de animal a humano.

Mientras tanto, la necesidad epidemiológica de especificidad en torno a los animales huéspedes no se vio favorecida por los ataques racializados a los mercados húmedos. Los informes de los medios de comunicación expresaron disgusto (Myers 2020) e incluso pidieron la abolición de los mercados "donde se reproducen las pandemias" (Walzer y Kang 2020). Los antropólogos Lynteris y Fearnley (2020) explican que en los medios occidentales, los "mercados húmedos" a menudo se describen como emblemas de la otredad china: "Versiones caóticas de los bazares orientales, áreas sin ley donde los animales que no deben comerse se venden como alimento, y dónde los qué no deben mezclarse sí lo hacen (mariscos y aves, serpientes y ganado)." Esto alimenta las ansiedades de lo que los antropólogos han identificado durante mucho tiempo como "materia fuera de sitio": "un sistema simbólico de contaminación a través del cual se determinan prescripciones y proscripciones de qué alimentos o productos alimenticios pueden o no combinarse" (Lynteris y Fearnley 2020).

Los medios occidentales de COVID-19 cayeron en esta otredad, lo que resultó en relatos que rara vez incluían las perspectivas de los agricultores chinos, o no se detuvieron para interrogar cómo los agricultores llegaron a cultivar alimentos "silvestres" en primer lugar. Fearnley, un antropólogo, ha seguido el surgimiento de enfermedades infecciosas en el sur de China, a menudo referido como el epicentro de las pandemias de gripe. Durante el trabajo de campo en la provincia china de Jiangxi, descubrió que los agricultores cerca del lago Poyang se entrecruzaban regularmente entre zonas cultivadas y áreas divisorias con plantas silvestres. De hecho, estaban criando gansos *salvajes* (Fearnley 2015). Fearnley descubrió que dos factores fueron los más importantes para llevar a los agricultores a la cría de gansos salvajes a fines de la década de 1990: una oportunidad para satisfacer la demanda de los consumidores sin la caza furtiva ilegal de especies salvajes, y un sobreprecio para los alimentos codiciados en un momento en que en las zonas rurales los pequeños agricultores se enfrentaban a una presión económica cada vez mayor por los agricultores industriales a gran escala.

Las reformas del mercado de China posteriores a Mao pueden describirse como "saltos" (Zhang y Donaldson 2008). En el primer salto, que comenzó en 1978, la tierra de cultivo colectivizada se distribuyó a hogares individuales, lo que llevó a la reexpansión del número de pequeños agricultores, conocidos como "especializados (*zhuanyehu*) porque en particular se centraban en cultivos alto rendimiento comercial como ganado y pollos, patos o cerdos. En la década de 1990, China se embarcó en un segundo salto hacia la satisfacción de las necesidades de "agricultura científica y producción socializada" (Deng Xiaoping, 28 en Zhang y Donaldson 2008). Las "empresas cabeza de dragón" (*longtou qiye*) muy capitalizadas (conglomerados de producción industrial de alimentos) fueron apoyadas por el estado como un medio de rápido crecimiento económico (IATP y GRAIN 2018). Schneider (2017, 89) describe este aumento masivo en la producción y el consumo de China desde 1978 impulsado por un "régimen industrial de carne," en el que las nociones modernas de carne como progreso se articulan con un impulso implacable por la acumulación de capital.

El régimen de la carne industrial también expulsó a los pequeños agricultores independientes de la agricultura animal, especialmente en la carne de cerdo y aves de corral. Algunos agricultores descubrieron una solución alternativa, optando por criar animales salvajes que podrían venderse para obtener mayores ganancias en mercados especializados (Fearnley 2015). Muchos fueron empujados hacia regiones boscosas, recinto de cuevas y huecos de árboles donde anidan los murciélagos. Los virólogos y epidemiólogos que estudian la "ecología de la enfermedad" ahora temen que estas tendencias hayan aumentado el riesgo de que un virus de murciélago salte a un pangolín u otro animal, y de allí a los humanos (Robbins 2012; Wallace 2020). Las pandemias parecen estar menos relacionadas con las vías alimentarias "primitivas" de China que con su crecimiento agroindustrial.

Perdiendo fricciones ecológicas

Aunque los científicos se han concentrado en los murciélagos de herradura como el probable reservorio original del SARS-CoV-2 (Latinne et al. 2020), el virus probablemente pasó a través de un huésped animal intermedio antes de extenderse a los humanos (Fisher y Heymann 2020). Un mamífero espinoso llamado pangolín, a menudo vendido en China por pequeños agricultores, podría haber sido ese huésped (Zhang, Wu y Zhang 2020). Sin embargo, la producción a pequeña y a gran escala no es fácil de separar. En la década de 1990, a medida que las empresas de la cabeza de dragón desplazaban a los campesinos que cortaban las regiones boscosas, la interface socioecológica del paisaje se expandió, desestabilizó y transformó de manera aún no bien valorada.

El biólogo evolutivo Rob Wallace ha seguido este tipo de ecologías políticas durante casi dos décadas. En 2015, Wallace y sus coautores describieron cómo la neoliberalización de los bosques de África Occidental puede haber generado un nuevo nicho para el ébola: "La deforestación y la agricultura intensiva pueden eliminar la fricción estocástica de la agrosilvicultura tradicional, que normalmente evita que el virus se transmita lo suficiente" (Wallace et al. 2015). La idea básica de fricción es simple. Ni completamente vivo ni completamente muerto, un virus depende de un huésped vivo para reproducir su ARN o ADN. Como regla general, un virus puede darse el lujo de ser más letal si la probabilidad de transmisión es alta, mientras que si las oportunidades de transmisión son bajas, el patógeno evoluciona para evitar la desactivación de su anfitrión antes de que pueda propagarse. Los ecosistemas complejos sirven como frenos naturales a la transmisión biológica de varias formas: mediante la disminución de la densidad relativa de organismos, mediante la imposición de barreras biofísicas y, lo más importante, mediante el apoyo a una falange de organismos con antecedentes genéticamente distintivos, algunos de los cuales serán vulnerables a la enfermedad, pero otras que resistirán.

Tales fricciones se han superado muchas veces, explicó el ecologista de enfermedades Peter Daszak en una entrevista de radio (Daszak 2020). Su equipo había viajado a China a principios de la década de 2000 para estudiar los orígenes del SARS en la vida silvestre.

> Lo que encontramos fue realmente sorprendente: una gran diversidad, docenas, cientos de coronavirus de origen murciélago. Encontramos evidencia de que continuamente se estaban extendiendo a las personas. Observamos las poblaciones rurales del suroeste de China y descubrimos que el 3 por ciento de ellas tenían anticuerpos contra estos virus. Y estimamos que la exposición en el sudeste asiático es de alrededor de 1 millón a 7 millones de personas al año, solo por vivir en áreas rurales donde viven murciélagos. Entonces, no es solo una expectativa que tengamos más eventos. Es una certeza.

Es decir, los biólogos entienden que los eventos de propagación viral ocurren *todo el tiempo*, por lo que el salto del SARS-CoV-2 fue, literalmente, sólo una cuestión de tiempo. Los pueblos indígenas conocen muy bien la no novedad de las pandemias — enfermedades del Viejo Mundo como la viruela, el tifus y el sarampión arrasaron las poblaciones nativas más rápido que los propios europeos (Immerwahr 2019). No obstante, los eventos de desbordamiento han sido durante siglos limitados geográficamente, entrando y saliendo con poca anticipación más allá de las comunidades directamente afectadas. La globalización ha fragmentado esta regla general, reconfigurando la geografía económica del planeta para una transmisión acelerada, incluyendo "vastas y abiertas redes humanas para la difusión potencial" (Harvey 2020). Como mostraron los primeros datos de los usuarios de teléfonos móviles en China, el SARS-CoV-2 probablemente saltó en unas semanas desde Wuhan a las ciudades circundantes y luego a los centros comerciales de élite: Dubai, São Paulo, Londres, París, Tokio, Mumbai, Moscú, Nueva York. (J. Wu et al. 2020).

El tránsito globalizado no es el único factor que aumenta la probabilidad de que los virus se conviertan en pandemias. Cada vez más, explica Wallace et al. (2020), los alimentos silvestres se han convertido en un sector formal, "cada vez más capitalizado por las mismas fuentes que respaldan la producción industrial." Ya sea cosechado o cultivado, los alimentos silvestres ya no son la empresa marginal que sugiere el término, y su producción ahora conecta megaciudades como Wuhan con operaciones en la frontera de un campo silvestre cada vez más reducido (Schneider 2017). Con la agroindustria, la tala y la minería diezmando lo último del bosque, las operaciones para proveer alimentos silvestres debe seguir mermando más y más donde cultivan sus manjares o para cosechar los restantes rodales de árboles. Como resultado, argumentan Wallace et al. (2020),

> los patógenos más exóticos, en este caso el SARS-2 alojado en murciélagos, encuentran su camino hacia un camión, ya sea en animales de comida o en el trabajo que los atiende, disparados desde un extremo de un circuito periurbano elongado al otro antes de golpear el escenario mundial.

La búsqueda de la causa raíz de la COVID-19, entonces, nos impulsa a mirar a través de geografías globales, donde la apropiación de tierras y la apropiación de recursos diezman las barreras ecológicos que de otro modo podrían limitar el desborde y la propagación viral. Sugiere que tratemos de identificar los impulsores de los sectores de alimentos silvestres cada vez más formalizados, responsabilizemos a los actores estatales y corporativos por su papel en la transformación de los eventos de desbordamiento en un potencial pandémico. También nos invita a mirar más allá de los sitios donde los patógenos previamente controlados por las ecologías de los bosques tropicales, ya sin control, han surgido libremente hasta formar brotes que se incuban en el corazón de la agroindustria.

Brechas metabólicas: CAFO y plantas empacadoras de carne

Si el desbordamiento zoonótico tiende a ocurrir en las fronteras del desarrollo capitalista, los centros de agronegocios tienen sus propios focos de patogenicidad. Por ejemplo, los analistas de biovigilancia rastrearon la gripe porcina del 2009 (H1N1) hasta una subsidiaria de Smithfield en México (Philpott 2009), una teoría confirmada por estudios filogenéticos posteriores (Nelson et al. 2015). Inaugurada a raíz del TLCAN [NAFTA, en Inglés], la planta consolidó granjas en Veracruz y abrió Carroll Ranches, donde Smithfield evitó las regulaciones ambientales a las que había estado sujeta en los EE. UU. (Wallace 2009a). Cuando el 60 por ciento de los residentes de una aldea cercana se enfermó, el gobierno mexicano confirmó pruebas positivas para el virus, que para entonces se había extendido por todo el mundo (Tuckman y Booth 2009). Sin embargo, en lugar de insistir en el controvertido papel de una empresa en particular en el desove del H1N1, Wallace (2009b) alienta la atención a la desregulación que permite que las agroindustrias animales se expandan hacia el Sur Global, aprovechando la mano de obra barata, la tierra barata y la supervisión laxa. En lugar de hablar de "gripe porcina", él sugiere, deberíamos hablar de "gripe del TLCAN."

La variante H1N1 de la gripe porcina no es la única. En la Université Libre de Bruxelles en Bélgica, los científicos han relacionado la producción avícola intensiva con la aparición de formas altamente patógenas de gripe aviar (Gilbert, Xiao y Robinson 2017). En China, sólo tres años antes de que comenzara el brote de COVID-19, decenas de miles de cerdos en cuatro granjas industriales en Guangdong, a menos de 100 km de donde surgió el SARS en 2003, murieron a causa de un brote de una nueva cepa de coronavirus también rastreada a los murciélagos (Zhou et al. 2018). A fines de junio de 2020, una investigación revisada por profesionales paritarios indicó que se había encontrado otra gripe con potencial pandémico, esta vez en muestras de mataderos en 10 provincias chinas "con poblaciones de cerdos criados en alta densidad" (Sun et al. 2020, 2).

De hecho, para desarrollar los fenotipos más virulentos e infecciosos, casi no se podría inventar un sistema mejor que la moderna Operación de Alimentación Animal Concentrada (CAFO, por sus siglas en inglés). Dondequiera que los animales estén apiñados y forzados a vivir en condiciones insalubres (de pico a pico o de hocico a hocico casi sin aire fresco o luz solar), se ejerce un estrés tremendo sobre el sistema inmunológico de los animales, según el médico Michael Greger, autor de *How to Survive a Pandemic* [Como Sobrevivir una pandemia] (2020). El hacinamiento y la escala, donde decenas de miles de animales son habitualmente metidos en cobertizos del tamaño de un campo de fútbol estadounidense, crea lo que Greger, haciéndose eco de un informe de las Academias Nacionales en el 2005 (2005, 12), llama un "ambiente de tormenta perfecto" para los aparición y propagación de enfermedades.

También ayuda a examinar la granja industrial desde el punto de vista del virus. El hecho de que la mayor parte del ganado industrial y las aves de corral hayan sido criados para que sean genéticamente uniformes sirve bien al virus; Siempre que el germen pueda infectar con éxito a un pájaro o una bestia, se puede propagar sin encontrar ninguna variante genética que, de otro modo, podría ralentizar el virus. También se levanta la presión evolutiva sobre la viralidad. En una granja pequeña o en la naturaleza, es poco probable que un patógeno se encuentre regularmente con huéspedes, por lo que existe una presión descendente efectiva sobre la virulencia. Pero, como Wallace le explicó a *Vox*: "si entras en un establo con 15.000 pavos o 250.000 gallinas ponedoras, puedes quemar todo. No hay límite para que te comportes con rudeza" (Samuel 2020).

Subrayando que tales características no emergen de la "naturaleza" fuera y separadas de la cultura, la economía y la vida diaria, Wallace y analistas afines (ver también Moore 2000; Davis 2020; Harvey 2020) adoptan una visión dialéctica y relacional de la relación metabólica de la naturaleza al capital. Por ejemplo, debido a que comercializamos cada vez más aves de corral y ganado a través de las fronteras internacionales, las cepas de virus que antes se aislaban entre sí en lados opuestos del mundo ahora pueden recombinarse más fácilmente. Los virus tienen genomas segmentados, lo que hace que esta baraja genética sea particularmente importante. La mayoría de las recombinaciones no darán como resultado algo nocivo, pero cuando la globalización acelera la velocidad a la que se produce dicha remezcla, también significa una explosión en la diversidad de patógenos en evolución. De la manera más palpable, los virus nos han mostrado cómo la naturaleza transforma la sociedad y, a su vez, cómo la naturaleza se produce socialmente.

Esto, por supuesto, no es nada nuevo. Las reconfiguraciones de la naturaleza por parte del capital han brindado a los académicos conocimientos sobre cómo se incubaron estos sistemas cárnicos patógenos y por qué. Nature's Metropolis, de William Cronon, narra cómo Chicago se convirtió en la "porcópolis" de los Estados Unidos del siglo XIX. Al tejer vastas redes de corrales de engorde, ferrocarriles y corrales de ganado del Medio Oeste, los industriales alimentaron las novedosas líneas de desmontaje de las plantas frigoríficas urbanas con el ganado de un campo rápidamente reformado por la demanda industrial. Poderosos "empacadores" despiadadamente superaron a los pequeños carniceros de la costa este, quienes uno por uno cerraron sus propias operaciones de matadero (Cronon 1991, 243). Los comerciantes de carne locales descubrieron que sobrevivir significaba vender carne de vacuno de Chicago, ya que ya no podían permitirse comprar, sacrificar y descuartizar el ganado ellos mismos y seguir obteniendo ganancias si se veían obligados a vender al precio de los empacadores. Aunque los centros de la industria cárnica se trasladarían más tarde de Chicago, los empacadores habían hecho dos cosas importantes. Primero, habían perfeccionado el poder del oligopolio, que aún hoy repercute en las cadenas de suministro. En segundo lugar, habían tenido éxito en sus esfuerzos por "sistematizar el mercado de la carne animal, para liberar a la naturaleza de la geografía" (1991, 259). Para comprender la economía política de esta separación, es útil revisar la lógica de las *separaciones* espaciales, sociales y materiales en juego en la agricultura capitalista, o lo que los académicos han denominado la "brecha metabólica."

La brecha metabólica de Marx: un "gasto monstruoso"

El término "ruptura metabólica" se origina en el trabajo de Marx y Engels, cuyo concepto de metabolismo postuló una interacción bidireccional: entre la naturaleza que constantemente da forma a la sociedad y la cultura humanas (al tiempo que establece ciertos límites a las posibilidades) y la actividad humana (especialmente los sistemas de producción) que transforman profundamente la naturaleza. Una "ruptura irreparable en el proceso interdependiente del metabolismo social," observó Marx (1981, 949), fue intrínseca a cómo la industria a gran escala y la agricultura a gran escala se combinaron para empobrecer el suelo y al trabajador (Foster 1999; Moore 2000). La producción capitalista desató dilemas que Marx, que leyó vorazmente de científicos del suelo como Justus von Liebig y James Johnston, encontró no sólo preocupantes, sino francamente absurdos. "En Londres," escribió, "no pueden hacer nada mejor con los excrementos producidos por 4 1/2 millones de personas que contaminar el Támesis con ellos, a un costo monstruoso" (Marx 1981, 195). Marx parecía particularmente contrariado porque gran parte del valor de los nutrientes en este desperdicio se originó en naciones pobres a miles de kilómetros de distancia: las islas Chincha en la costa del Perú. Durante gran parte del siglo XIX, tanto Gran Bretaña como EE. UU. practicaron el imperialismo ecológico, extrayendo guano y nitratos del Perú y más tarde de Chile, expandiendo la brecha metabólica a una escala global (Clark y Foster 2009; Immerwahr 2019).

La industrialización urbana y agrícola fueron conjuntamente responsables de esta separación metabólica, concluyó Marx en sus principales discusiones sobre la agricultura capitalista (Foster 1999). Si bien la industria hizo posible que la agricultura creciera cada vez más mecanizada, a gran escala y con un uso intensivo de insumos, la división demográfica en desarrollo entre la sociedad urbana y rural forzó una brecha entre la producción y el consumo. Cuando los consumidores vivían principalmente en la tierra, los productos de desecho regresaban naturalmente al suelo. La brecha rural-urbana tomó una solución renovable y creó dos problemas: contaminación en la ciudad e infertilidad del suelo en el campo.

Desde la época de Marx, dos eventos han allanado el camino para que ocurra una segunda ruptura (Foster y Magdoff 2000). Primero fue la amplia disponibilidad de fertilizantes nitrogenados sintéticos, iniciada por los fabricantes de armas de la Primera Guerra Mundial. Con abundante fertilizante barato, los agricultores ya no tenían que plantar leguminosas fijadoras de nitrógeno para mantener la fertilidad del suelo. Estos cultivos, que incluían el trébol y la alfalfa, se habían destinado anteriormente a la alimentación de ganado vacuno para carne y vacas lecheras y también ganado ovino. Con la desaparición de la demanda de cultivos fijadores de nitrógeno, las granjas podrían especializarse más fácilmente como operaciones agrícolas o ganaderas. El segundo fue la concentración en la industria de la agricultura animal. A medida que la producción, el procesamiento, la comercialización, la distribución y el comercio minorista se centralizaron cada vez más y se integraron verticalmente, la especialización geográfica y sectorial se convirtió en dos características definitorias (Heffernan 2000; Hendrickson 2015). En los EE. UU., los corrales de engorde para carne ahora se entrecruzan en el sur de las Grandes Llanos, mientras que estados como Arkansas se especializan en aves de corral y el Medio Oeste y las Carolinas se enfocan en cerdos. Mientras tanto, el procesamiento de carne a menudo se limita a unas pocas grandes instalaciones operadas por empresas gigantes como Tyson, Smithfield, y JBS.

Si la primera ruptura metabólica impidió que los desechos de una población humana cada vez más urbana regresaran a la tierra, la segunda ruptura ha interrumpido los ciclos de flujo de nutrientes entre los animales (productores secundarios) y las plantas (productoras primarias) en la base de la red alimentaria. Esta falta de ciclo de nutrientes, a su vez, significa que se deben aplicar cada vez más nutrientes sintéticos para restaurar la fertilidad de los suelos agrícolas. Mientras tanto, el exceso de nutrientes se acumula en las operaciones de animales a gran escala, con muchos peligros documentados para la salud humana y ambiental (Weis 2013; IATP y GRAIN 2018). Zonas muertas en el Golfo de México, emisiones globales de gases de efecto invernadero, alteración endocrina relacionada con las hormonas en el suministro de agua, el aumento de microbios resistentes a los antibióticos y la incubación de influenza aviar y porcina que puede afectar a los humanos: muchos de los males ahora asociados con la agricultura industrializada emanan de esta doble ruptura metabólica.

Mientras tanto, han surgido importantes debates sobre el concepto de la ruptura metabólica en sí. Foster (1999) ubica sus orígenes en el contexto de la industrialización agrícola del siglo XIX, mientras que Moore (2000) sostiene que se ubica más adecuadamente en la transición al capitalismo a fines del siglo XVI. La línea de tiempo de Moore concuerda más fácilmente con la comprensión del capitalismo racial en la medida en que conecta el concepto de "rupturas" con las separaciones inherentes a las acumulaciones primitivas de finanzas, tierra y trabajo en los albores del capitalismo moderno. Al ubicar las divisiones no a raíz de la agricultura industrial, sino en las acumulaciones primitivas más antiguas que permitieron su surgimiento, desde la acumulación financiera en el mercado mundial a la acumulación de tierras en el campo, a las separaciones violentas de los comunidades de color de sus tierras indígenas, las rupturas son más claramente vistas dentro del largo arco del capitalismo racial.

Me refiero a la "brecha metabólica" en este sentido a más largo plazo, que abarca la esclavitud negra, el genocidio indígena y los despojos de sus tierras y el sometimiento de su mano de obra. Uso el término de tres maneras (Wittman 2009; Schneider y McMichael 2010; Bezner Kerr et al. 2019), así:

1. Un concepto ecológico para describir rupturas o desequilibrios en los ciclos naturales como la renovación del suelo y las semillas;

2. Un concepto social para describir las causas y consecuencias sociales de diferentes relaciones humanas / no humanas; y

3. Un concepto "epistémico" acerca de las formas en que las prácticas del conocimiento pueden conducir a una mayor ruptura, en lugar de reparar y curar.

2

Cadenas alimentarias frágiles

La industria ha minimizado durante mucho tiempo los problemas asociados con la brecha metabólica como compensaciones marginales en la
batalla para alimentar al mundo. Pero mucho antes del Coronavirus, era
evidente que dicha agricultura no había ganado fuerza para acabar con el
hambre (IAASTD 2009; HLPE 2019; Willett et al. 2019). Según un informe
reciente del Estado de la Seguridad Alimentaria y la Nutrición en el
Mundo, se estima que 2000 millones de personas no tuvieron acceso a alimentos seguros, nutritivos y suficientes en 2019. Casi 690 millones de personas pasaban hambre, un aumento de 10 millones de personas en un año
y de casi 60 millones en cinco años (FAO et al. 2020).

El pronóstico empeoró precipitadamente a principios de la pandemia
de COVID-19, y el Programa Mundial de Alimentos (2020) advirtió el 21 de
abril de 2020 que el planeta se enfrentaba a una hambruna "de proporciones bíblicas." Más de 30 países del mundo en desarrollo, advirtió la agencia de la ONU, podrían experimentar un hambre generalizada, y 10 de esos
países ya tienen más de 1 millón de personas al borde de la inanición. En
Estados Unidos, las perspectivas no eran mejores. Feeding America, la red
de bancos de alimentos más grande del país, dijo que estaba experimen-
tando un aumento del 98 por ciento en la demanda, con algunos bancos
en áreas rurales tan abrumados que tuvieron que cerrar. El Instituto de
Investigación de Políticas de Northwestern encontró que, en relación con
las tasas pronosticadas para marzo de 2020, la inseguridad alimentaria de

EE. UU. en abril se duplicó en general y se triplicó entre las personas con niños (Schanzenbach y Pitts 2020). Un estudio de seguimiento realizado en julio encontró que estas tendencias eran implacables: un 29,3 por ciento de los encuestados estadounidenses con niños continuaron informando sobre inseguridad alimentaria, con efectos que varían según la raza y etnia autoreportada, desde el 31,8 por ciento entre los negros y el 30,6 por ciento entre los encuestados hispanos / latinos, al 19,3 por ciento entre los asiáticos y al 18,6 por ciento entre los encuestados blancos (Schanzenbach y Tomeh 2020).

Mientras tanto, las granjas de todo el mundo se ahogaban en excedentes de alimentos. En la India, algunos agricultores que no podían llevar sus productos al mercado a tiempo alimentaron a sus vacas con fresas y brócoli de alto valor (Jadhav 2020). En los EE. UU., Los agricultores de Idaho cavaron enormes zanjas en las que enterrar un millón de libras de cebollas, los agricultores de Florida cruzaron sus campos de frijoles y repollo para enterrar con el arado verduras perfectamente maduras en el suelo y, según Dairy Farmers of America, productores de leche arrojaron hasta 3.7 millones de galones de leche por día en abril (Yaffe-Bellany y Corkery 2020). John Peck, director ejecutivo de Family Farm Defenders, me dijo: "Algunos de los arroyos aquí están literalmente en blanco ahora, directamente en el lago Michigan." Destruir alimentos frente a la hambruna parece una contradicción desconcertante. Pero los críticos del capitalismo como sistema económico han analizado esta contradicción muchas veces antes. Sabemos que el hambre no es el resultado de la escasez sino de la sobreproducción, y los pobres mueren porque no tienen el poder adquisitivo para registrarse como "demanda" (Mandel 1970; Lappé y Collins 1986; Chappell 2018).

Las cadenas de suministro de alimentos, explicaron DuPuis, Ransom y Worosz (2020), generalmente se dividen en dos tipos: uno para uso comercial o al por mayor y el otro para uso del consumidor o al por menor. En este último, las tiendas de abarrotes y los mercados de conveniencia atienden a los hogares. En el primero, los grandes compradores comerciales e institucionales proveen lugares como restaurantes, cafeterías corporativas, escuelas, hospitales y prisiones. Entonces, lo que ocurrió en medio de las cuarentenas de COVID fue en parte una historia de silos de la cadena alimentaria: cuando las empresas y las escuelas cerraron y los pedidos de compra al por mayor colapsaron, los alimentos que ahora las personas en los EE. UU. consumen normalmente fuera de casa — el Departamento de Agricultura de EE. (2018) estimó la proporción de los gastos de los consumidores de alimentos en 2018 en 54 por ciento — no tenían un comprador ni una manera establecida para "saltar" las cadenas. El colapso de la demanda comercial significó el colapso de los precios, lo que significa que a menudo era más barato destruir los alimentos que llevarlos a las personas hambrientas.

La carne, las verduras y la leche tienen razones particulares y peculiares por las que desviar los flujos hacia las cadenas de suministro es fácil de imaginar y difícil de llevar a cabo. Los cortos períodos de tiempo para la recolección de verduras y el procesamiento de carne, la falta de equipo apropiado para que los procesadores comerciales empaquetaran la leche en contenedores más pequeños para las tiendas de comestibles y la caída de los precios de muchos alimentos perecederos ayudaron a explicar las asimetrías globales en la oferta y la demanda al comienzo de la crisis de COVID. Pero el sistema alimentario fracasó principalmente debido a las desigualdades estructurales que han existido desde el inicio. Por lo tanto, el poder consolidado de la industria y la precariedad laboral requieren una mirada más cercana.

Consolidación desenmascarada

El control empresarial de la cadena de suministro agroalimentario ha recibido tantas críticas que es difícil apreciar con nuevos ojos la crisis que representa. Pero la concentración de poder es omnipresente y creciente. En casi todas las etapas clave del sistema alimentario, ha demostrado el sociólogo Howard (2016), sólo cuatro empresas controlan el 40 por ciento o más del mercado. En el procesamiento de carne, sólo cuatro empresas procesan el 85 por ciento de la carne de res, el 71 por ciento de la carne de cerdo y más de la mitad del pollo en los EE. UU. (Howard 2017; Nylen y Crampton 2020), y las tendencias están empeorando. "Hay una mayor concentración en el envasado de carne ahora" que en 1921, dijo a Político Thomas Horton, profesor antimonopolio de la Universidad de Dakota del Sur. Las primeras leyes antimonopolio fueron "aprobadas para cuidar de los Cinco Grandes. Ahora tenemos los Cuatro Grandes. Estamos retrocediendo"(Nylen y Crampton 2020).

Al leer los titulares a través de estos lentes, quedó claro que las advertencias en las noticias sobre la inminente escasez de carne en los supermercados (Crampton 2020) tenían menos que ver con los acaparadores de hamburguesas que con las estructuras industriales altamente concentradas. De hecho, sólo unas semanas después de que se informara sobre los primeros brotes de COVID-19 en las plantas de envasado de carne, los sindicatos anunciaron que las instalaciones responsables de un 25 por ciento de toda la producción porcina habían cerrado sus puertas (Lucas 2020). Las instalaciones que permanecían abiertas (en los sectores avícola, vacuno y porcino) funcionaban al 60 por ciento de su capacidad en ese momento (Crampton 2020). Desesperados por evitar más retrasos o cierres, Tyson, JBS, Cargill y Smithfield se embarcaron en enormes esfuerzos en las semanas siguientes para ocultar que dentro de sus plantas estaba despegando un brote de proporciones asombrosas. Smithfield informó su primer caso de COVID-19 el 26 de marzo (Mitchell 2020). Para el 3 de agosto, según los datos recopilados por Food & Environment Reporting Network (2020), unas 396 plantas empacadoras de carne en todo el país habían confirmado casos de COVID-19. Para el 30 de noviembre, ese número había aumentado en casi un 40 por ciento a 551 plantas. Al menos 49,454 trabajadores empacadoras de carne habían dado positivo para el virus y 254 habían muerto.

Las empresas respondieron invocando los intereses nacionales. Bajo el título "Un delicado equilibrio: alimentar a la nación y mantener saludables a nuestros empleados," apareció una carta de John H. Tyson (2020) como un anuncio dominical de página completa en el *Washington Post* y el *New York Times* el 26 de abril: "En pequeñas comunidades en todo el país, donde empleamos a más de 100.000 hombres y mujeres trabajadores, nos vemos obligados a cerrar nuestras puertas", escribió. "Esto significa una cosa — la cadena de suministro de alimentos es vulnerable." Smithfield emitió su propia declaración explicando: "Creemos que es nuestra obligación ayudar a alimentar al país, ahora más que nunca. Operar no es una cuestión de beneficios; es una cuestión de necesidad" (Smithfield 2020).

El gobierno de EE. UU. acudió pronto para ayudar a las empresas gigantes de carne ["Big Meat"] a explotar la pandemia (Mayer 2020). Dos días después de la publicación de la carta de Tyson, el presidente Donald Trump emitió una orden ejecutiva que declaraba a las plantas empacadoras de carne como «infraestructura crítica» bajo la Ley de Producción de Defensa — y prohibía su cierre por parte de las autoridades sanitarias estatales (Casa Blanca 2020). En una declaración adjunta, la Administración de Salud y Seguridad Ocupacional (OSHA) prácticamente indemnizó a las empresas por exponer a los trabajadores al coronavirus, asegurando a los empleadores que la agencia no los penalizaría por no seguir las pautas de los Centros para el Control de Enfermedades (CDC, por sus siglos en inglés) siempre que hicieran una Esfuerzo de "buena fe" (OSHA 2020). El CDC, a su vez, no tenía poder real para hacer cumplir sus propias recomendaciones y, a fines de junio, OSHA había recibido 5,000 quejas de trabajadores estadounidenses relacionadas con el coronavirus, pero había emitido sólo una citación (NYT 2020).

Así, envalentonadas por la Casa Blanca y las agencias estatales debilitadas, las empresas empacadoras de carne pasaron semanas cruciales instando a los funcionarios locales a mantener abiertas las plantas, oscureciendo los datos de las pruebas y presionando a los trabajadores para que regresaran a la línea de trabajo (Pfannenstiel 2020). Miles de páginas de documentos obtenidos por *ProPublica* revelaron intercambios como estos: A mediados de marzo, unas semanas antes de un brote masivo en su planta de carne de cerdo de Dakota del Sur, el director ejecutivo de Smithfield, Kenneth Sullivan, envió una carta al gobernador de Nebraska, Pete Ricketts, diciendo que tenía "graves preocupaciones" de que las órdenes de quedarse en casa estuvieran causando "histeria" (Grabell, Perlman y Yeung 2020). "La distancia social", agregó Sullivan, "es una sutileza que sólo tiene sentido para las personas con computadoras portátiles." Las investigaciones de *USA Today*, el *Washington Post*, el *New York Times* y periódicos locales como *Argus News* y *De Moines Register* revelaron un patrón similar de coerción sistemática.

De alguna manera, todo reflejó una falla catastrófica por parte del estado para salvaguardar a su gente. De otra manera, mostró un ejercicio del poder estatal notablemente eficiente y efectivo. Aproximadamente 140 años después de que los empacadores tomaran Chicago, sus esfuerzos durante COVID-19 demostraron que hoy, tomando prestado del periodista Schlosser (2020), "tenemos un gobierno de grandes corporaciones, por grandes corporaciones, para grandes corporaciones."

Contagios interseccionales

Con el poder consolidado de la industria impulsado por un estado autoritario, no era sorprendente que el coronavirus arrasara con fuerza las plantas procesadoras de carne. Pero para los trabajadores de las empacadoras de carne, junto con los trabajadores de la agricultura, los supermercados y el servicio de entrega de alimentos, renunciar no era una opción durante la pandemia. Además, aunque en algunas partes del país los residentes vitoreaban ritualmente a los socorristas, enfermeras y médicos para agradecerles su servicio, estaban menos sintonizados con la amplia gama de "trabajadores esenciales" que arriesgaban sus vidas. Muchas eran personas de color, conectadas con la comida.

El empacado de carne, ya infamemente uno de los trabajos más peligrosos en Estados Unidos (Schlosser 2001), brindó un rápido vistazo a las vulnerabilidades entrelazadas de raza y clase que COVID-19 sólo profundizó. Todos los tipos de trabajadores esenciales enfrentaron grandes desafíos para obtener protecciones básicas de seguridad, incluido el equipo de protección personal (EPP). Sin embargo, dentro de las plantas empacadoras de carne, el trabajo en sí era difícil de cuadrar con el EPP. Joe Enríquez, presidente de la Liga de Ciudadanos Latinoamericanos Unidos en Iowa, dijo a *Bloomberg News* que combinar rápidas velocidades de línea con equipo de protección era como ir trotando con un equipo protector de cabeza completo (Mulvany et al. 2020). Los protectores faciales no son prácticos porque, inevitablemente, la sangre salpica en los protectores, lo que obliga a los empleados a limpiarse para ver correctamente y exponerlos al virus. Las velocidades de las líneas deberían disminuir para permitir el distanciamiento social, dijeron los sindicatos de trabajadores (UFCW 2020). Pero en abril, el USDA permitió que 15 plantas avícolas superaran los límites federales sobre la cantidad de aves que los trabajadores podían procesar en un minuto (Thompson y Berkowitz 2020), y los datos de mayo mostraron que la producción de mataderos de cerdos y ganado se había recuperado al 80 por ciento de la normal. (USDA-ERS 2020). Las líneas se estaban acelerando.

Los trabajadores dentro de estas plantas reflejan el carácter interna-cional del libre comercio y la lucha contra los sindicatos que ha visto a la industria cárnica desarraigarse de ciudades con fuertes tradiciones sindicales a pueblos más pequeños en las Grandes Llanuras y el Medio Oeste desde la década de 1970 (Haedicke 2020). Las plantas actuales, que ya cuentan con un considerable apoyo de mano de obra afroamericana, reclutan en gran medida de Centroamérica y México (Kandel y Parrado 2005), y estudios recientes documentan un aumento en la contratación de refugiados. Nelson y Marston (2020) encontraron que los trabajadores refugiados en una planta de JBS en Greeley, Colorado, provenían princi-palmente de África Oriental y de la región de Birmania / Tailandia. Antes de COVID, la situación ya era desoladora. Los refugiados, las personas indocumentadas y los inmigrantes recientes no sólo enfrentaron barreras de idioma, falta de familiaridad con las protecciones laborales de los EE. UU. y amenazas de deportación, sino que tenían pocas probabilidades de batallas legales contra un gigante de ingresos anuales de $ 40 mil millo-nes como Tyson si se lesiona en el trabajo (Schlosser 2020). En julio, los CDC confirmaron que COVID-19 estaba afectando a las minorías raciales y étnicas en las plantas de envasado de carne con una "carga despropor-cionada de enfermedad y muerte" (Waltenburg et al. 2020, 888). Alrededor del 61 por ciento de los trabajadores de las empacadoras de carne en los EE. UU. son negros, hispanos o asiáticos, según datos que los CDC obtu-vieron de 21 estados. Sin embargo, las personas de color representaron el 87 por ciento de las personas infectadas con el coronavirus.

Los trabajadores de las empacadoras de carne no fueron los únicos que experimentaron la paradoja del trabajo esencial bajo COVID-19. En los extremos de la cadena de suministro, en la granja y entre los consumido-res, las luchas mostraron paralelos y contrastes. A los trabajadores agrí-colas estadounidenses se les dijo que mantuvieran una distancia social de 2 metros, sin embargo, continuaron siendo transportados a los campos en autobuses llenos y durante mucho tiempo han luchado con viviendas superpobladas, lo que hace que la transmisión sea inevitable (Chang y Holmes 2020). El acceso a agua potable para lavarse las manos fue un desafío, ya que muchos campos carecían de estaciones de agua, las filas de espera podían ser largas y los trabajadores sabían que el tiempo dedicado a lavarse las manos era tiempo no remunerado (Eskenazi, Moreno y Voit

2020). El racismo nunca ha estado distante de la vida de estos trabajadores agrícolas. Más de un tercio de los trabajadores agrícolas de California no tienen seguro, hasta el 60 por ciento son indocumentados y las reglas federales de inmigración inhiben crónicamente a los inmigrantes de buscar tratamiento médico (Holmes 2013). Como si fuera una señal, la agricultura en el centro de Washington State se convirtió en la zona cero de la crisis del coronavirus en el estado.

El condado de Yakima en junio tuvo la tasa per cápita más alta de infecciones por COVID-19 en toda la costa oeste (JHU 2020), una prevalencia que los defensores de los trabajadores agrícolas relacionaron directamente con el racismo histórico. "Es casi como si fuéramos el cordero de sacrificio de alguien en esta pandemia," dijo a los periodistas Rosalinda Guillén, directora ejecutiva de Community to Community Development, una organización de trabajadores agrícolas (McCarty 2020).

Los trabajadores de restaurantes experimentaron la otra cara de la precariedad laboral, ya que fueron marginados a principios de la primavera. Hasta que COVID-19 cerró los establecimientos de comida en todo el país, 15,6 millones de personas trabajaban en aproximadamente un millón de restaurantes en los EE. UU. (Pershan 2020). De los asombrosos 20,5 millones de empleos perdidos en abril en EE. UU., más del 25 por ciento provino de restaurantes y bares, según el Departamento de Trabajo de EE. UU. (USDL 2020). Los sitios web y las líneas telefónicas de desempleo del estado estaban abrumados con reclamos (Saxena 2020), y los trabajadores indocumentados, que representaban al menos el 20 por ciento de los cocineros y el 28 por ciento de los lavaplatos (Pew 2009), nunca fueron elegibles. Estas cargas recayeron en gran medida sobre las personas de color que ahora componen aproximadamente el 47 por ciento de la fuerza laboral de los restaurantes en todo el país, según ROC United (2019). Las mujeres y las personas de color tienden a concentrarse en los trabajos con salarios más bajos en la industria (por ejemplo, lavado de platos, transporte de autobuses) en comparación con los trabajadores de piel blanca que ocupan con más frecuencia puestos de atención al público (Jayaraman 2013).

La Ley de Ayuda, Alivio y Seguridad Económica por el Coronavirus, un paquete de estímulo de $2.2 billones, se utilizó para reforzar el seguro de desempleo a $600 hasta fines de julio (Congreso de los EE. UU. 2020).

Ayudó temporalmente a los trabajadores de restaurantes inactivos, muchos de los cuales descubrieron las ironías del precariado: el desempleo era "un escenario más lucrativo y seguro" para los trabajadores flexibles con salarios bajos que carecen de seguro médico subsidiado por el empleador (Stewart 2020). Pero cuando los estados empezaron a reabrir sus economías en mayo, los trabajadores despedidos y sin permiso se enfrentaron a un nuevo dilema: no podrían cobrar beneficios si renunciaban a sus trabajos. Con COVID-19 todavía desenfrenado en estados como Iowa, Texas, Carolina del Sur y Alabama, los trabajadores de restaurantes enfrentaron la opción de proteger sus cheques de pago o su salud (Healy 2020; Proctor 2020). "Es una renuncia voluntaria," explicó el gobernador de Iowa, Kim Reynolds (Johnson 2020). Esta "elección" sólo se volvió más difícil a medida que aumentaron los casos de COVID-19 en la mayor parte del país.

En general, entonces, el sistema alimentario reflejaba una economía en la que la raza, el género y la pobreza habían precondicionado las vulnerabilidades al COVID-19 desde el principio. Las personas negras y latinas ocupaban de manera desproporcionada trabajos de primera línea con bajos salarios en la industria, junto con las mujeres, que representaban más de dos tercios de todos los trabajadores de primera línea. Cuando llegó la COVID-19, estas diferencias se tradujeron en quién podía quedarse en casa y quién no — además de estar sujetos a una interpretación racializada de condiciones médicas preexistentes, del acceso a atención médica de calidad y de ingresos suficientes para vivienda y alimentos. Alrededor del 29 por ciento de los trabajadores blancos podían trabajar en casa, según el Instituto de Política Económica. Menos de uno de cada cinco trabajadores negros y aproximadamente uno de cada seis trabajadores hispanos pudieron trabajar desde casa (EPI 2020). Como Steven Pitts, del Centro de Investigación y Educación Laboral de la Universidad de California, Berkeley, dijo a *CNN*: "En la medida en que uno desee que los trabajadores se protejan refugiándose en el lugar, la capacidad de refugiarse en el lugar tiene una forma racial" (Meyersohn 2020).

Los agroecólogos de todo el mundo han luchado durante mucho tiempo con estos desafíos. Desde las ecologías del surgimiento de pandemias hasta las desigualdades sociales sostenidas por quienes trabajan para alimentar a otros, han estudiado y luchado contra las profundas brechas metabólicas creadas por la mercantilización de la tierra y el trabajo a través del capitalismo. Con la COVID-19 emergiendo dentro de y profundizando esas divisiones, en palabras de Altieri y Nicholls (2020, 14), la pregunta entonces es: "si la crisis desarrollada por COVID-19 proporcionará el ímpetu para cambiar la agricultura industrial hacia sistemas de alimentos basado en la agroecología." En la siguiente sección, propongo dos estrategias.

3

Agroecología para un mundo post-COVID

Curando grietas, aboliendo la opresión

La agroecología se ha desarrollado como un concepto, una estrategia y un movimiento poderosos para rehacer el mundo. Se ha escrito mucho sobre el potencial transformador de la agroecología (Altieri y Toledo 2011; Méndez et al. 2016; Anderson et al. 2019; de Molina et al. 2020). Estos escritos ponen de relieve la agroecología como un movimiento emancipador para aumentar el poder y el control de los agricultores sobre su propia producción (Mier y Terán Giménez Cacho et al. 2018), como una vía para recuperar los sistemas de conocimiento indígena y tradicional (Pimbert 2015; Nicholls y Altieri 2018) y como una forma basada en la ciencia para mejorar el acceso a los alimentos cultivados de manera saludable y respetuosa con el medio ambiente (Vandermeer 2011; Gliessman 2015; HLPE 2019).

Metodológicamente, los agroecólogos de esta tradición enfatizan los métodos participativos de diálogo, experimentación, y aprendizaje y práctica de manera horizontal (Martínez-Torres y Rosset 2014; Bezner Kerr et al. 2019). Políticamente, avanzan una estrategia no homogénea de construcción de alianzas interseccionales (USFSA 2018; Anderson et al. 2019), fortaleciendo las bases como un espacio para la política (Roman-Alcalá

2020) e involucrando críticamente y transformando partes del estado (Giraldo y McCune 2019; van den Berg et al. 2020).

Pertinente a pandemias como la COVID-19, la agroecología ofrece prácticas, tradiciones de conocimiento y comunidades de práctica para construir un sistema alimentario más resistente al complejo cambio global. Pero los cambios transformadores no surgirán de la crisis de forma espontánea. Argumento que los agroecólogos tienen ahora la oportunidad de responder a la coyuntura creada por la pandemia de COVID-19 y el reconocimiento del racismo sistémico que se ha hecho visible por las muertes desproporcionadas en las comunidades negras y marrones. Estudios anteriores demostraron que la agroecología es una estrategia eficaz para curar las dimensiones ecológicas, sociales y de conocimiento de la brecha metabólica (Clausen 2007; Wittman 2009; Schneider y McMichael 2010; Bezner Kerr et al. 2019).

Extiendo estas discusiones aquí de dos modos específicas. El primero es ampliar nuestro conocimiento sobre la brecha ecológica para considerar el papel de la biodiversidad en las pandemias. Para entender cómo los sistemas agroalimentarios pueden ser más resilientes a los brotes y menos propensos a generarlos en primer lugar, sostengo que debemos comenzar con la biodiversidad y mejorar la matriz de la agricultura que rodea al planeta donde aumenta la fragmentación de los bosques, áreas de arbustos, y otros paisajes no gestionados. La segunda forma es abordar el capitalismo racial como fundamental para sanar la brecha metabólica.

Algunos agroecólogos han explorado estos tópicos. En sus estudios del movimiento "La Vía Campesina," Wittman (2009) se pregunta si el modelo de soberanía alimentaria, con su giro agroecológico, puede reparar la brecha metabólica. Ella trabaja a través de las relaciones contradictorias (clase, género, etnia) dentro de los movimientos sociales agrarios contemporáneos para defender la ciudadanía agraria. Bezner Kerr y col. (2019) amplían Wittman al examinar las relaciones sociales del hogar integradas y que surgen de los propios métodos agroecológicos. Descubren que la praxis feminista y participativa combinada con la agroecología puede transformar no solo la agricultura, sino también las relaciones de género y clase fundamentales para lograr la soberanía alimentaria (ver Recuadro 2). Estos estudios complementan el trabajo sobre soberanía alimentaria que adopta una lente interseccional (por ejemplo, Sachs y Patel-Campillo 2014;

Brent, Schiavoni y Alonso-Fradejas 2015). No obstante, la raza y el racismo se mencionan típicamente sólo de pasada, más que como un componente crucial para la cura de la brecha metabólica y la transformación de las relaciones socioecológicas en los sistemas alimentarios.

Recuadro 2. Soberanía alimentaria y agroecología

Si bien las referencias dispersas a la "soberanía alimentaria" en América Latina se remontan a la década de 1980 (Edelman 2014), a La Vía Campesina se le atribuye en gran parte el avance de la soberanía alimentaria a partir de mediados de la década de 1990 (Patel 2009; Martínez-Torres y Rosset 2010). A medida que el Acuerdo General sobre Aranceles Aduaneros y Comercio (GATT) y más tarde la Organización Mundial del Comercio (OMC) tomaron medidas para incluir la agricultura en los acuerdos de libre comercio, la soberanía alimentaria surgió no como una teoría académica, sino expresada por aquellos cuyas "vidas y medios de subsistencia están en la primera línea de la batalla por el control de la tierra, los recursos y las semillas necesarios para la producción de alimentos "(Wittman et al. 2010, 11). Es importante destacar que también fue un rechazo explícito al marco de "seguridad alimentaria" promovido por la Organización de las Naciones Unidas para la Agricultura y la Alimentación (FAO), el Grupo Consultivo para la Investigación Agrícola Internacional (CGIAR), la agroindustria y otros miembros de la política global. élite. No sorprende que estos actores defiendan la seguridad alimentaria, porque "en sus esfuerzos por reducir el hambre, no cuestionan las estructuras políticas y económicas dentro de las cuales llegaron al poder" (Fairbairn 2010, 27). – El Foro Nacional para la Soberanía Alimentaria en Malí describió además las intenciones y el alcance de la reivindicación de soberanía alimentaria, definiendo la soberanía alimentaria como:

el derecho de los pueblos a alimentos saludables y culturalmente apropiados producidos mediante métodos ecológicamente racionales y sostenibles, y su derecho a definir sus propios siste-

mas alimentarios y agrícolas. Pone a quienes producen, distribu-
yen y consumen alimentos en el corazón de los sistemas y políticas alimentarias en lugar de las demandas de los mercados y las
corporaciones…. La soberanía alimentaria implica nuevas relaciones sociales libres de opresión y desigualdad entre hombres y
mujeres, pueblos, grupos raciales, clases sociales y generaciones
(Nyéléni 2007).

Desde 2007, la soberanía alimentaria está consagrada en las constitucio-
nes y / o leyes nacionales de Ecuador, Bolivia, Venezuela, Nepal, Nicaragua,
Malí y Senegal. Ha inspirado a comunidades desde el lado sur de Chicago
hasta la Palestina ocupada y ha sido defendida por relatores especiales de
la ONU sobre el derecho a la alimentación, incluidos Olivier De Schutter,
Hilal Elver y Michael Fakhri. "Arraigados en la resistencia a la globalización
neoliberal y el libre comercio, los movimientos por la soberanía alimentaria también se están globalizando; la idea ahora inspira la acción colectiva
entre decenas de millones de personas en todo el mundo" (Shattuck,
Schiavoni y VanGelder 2015).

Las comunidades que invocan la soberanía alimentaria han creado múltiples vías para la legitimidad, desde hacer reclamos sobre los derechos y la
democracia — las piedras angulares de la gobernanza liberal occidental —
hasta la expansión de las estructuras sociales, las nociones de ciudadanía y
los derechos y responsabilidades mutuos entre sí y con la tierra viva (Wittman et al. 2010). Este espíritu estuvo vivo en 2015 en Sélingué, Mali, donde
los delegados que representan a las organizaciones internacionales de
soberanía alimentaria y los movimientos de productores y consumidores
de alimentos a pequeña escala se reunieron para discutir su futuro. La
Declaración de Nyéléni de 2015[1] para la Agroecología, publicada a raíz del
foro, afirma "la agroecología como elemento clave en la construcción de la
Soberanía Alimentaria." Hoy en día, múltiples organizaciones de base y de
la sociedad civil a nivel mundial ven la agroecología como un medio
basado en la evidencia para lograr los seis principios de soberanía alimentaria establecidos en la Declaración de Nyéléni de 2007: concentrándose

---

1. Nyéléni era una mujer de Sirakoro en Mali, África. Durante el primer Foro Internacional de
    Soberanía Alimentaria, que tuvo lugar en Sélingué, Mali en febrero de 2007, se decidió nom-
    brar la red para la Soberanía Alimentaria en su honor.

en la alimentación para el pueblo, valorando a los proveedores de alimentos, localizando los sistemas alimentarios, colocando localmente el control de los alimentos, desarrollando conocimientos y habilidades, y trabajando con la naturaleza.

Sin embargo, la agroecología puede hacer más para hacer un análisis coherente del racismo estructural y el capitalismo racial. Aunque los agroecólogos se han ocupado durante mucho tiempo de relaciones de poder desiguales, un reconocimiento inherente a la praxis que apoya los medios de vida de los campesinos, centra el conocimiento indígena y critica las estructuras político-económicas que dan forma al sistema agroalimentario dominante, las confrontaciones abiertas con el racismo son más limitadas.La agroecología se poliniza de forma cruzada en dos aspectos clave cuando se trata de raza y racismo. Uno implica experiencia arraigada y profundizada entre comunidades fuera de la academia. El Proceso de Agroecología Popular de América del Norte y sus miembros, por ejemplo, están impulsando una agroecología interseccional para contrarrestar la "violencia sistémica e interpersonal de la supremacía blanca y el patriarcado" (Snipstal 2015; PAeP 2020a). El segundo es en la esfera más amplia de la justicia ambiental, la salud pública, los estudios culturales de alimentos, la sociología, la geografía humana y los estudios étnicos, entre otros, donde el cuestionamiento crítico de las relaciones entre razas y sistemas alimentarios ha influido en dónde, cómo y por qué motivos los agroecólogos abordan la opresión. Sin embargo, como señalan Chappell y Schneider (2017, 426), a pesar de los vínculos que se establecen entre la agroecología, la soberanía alimentaria y la justicia económica, "las conversaciones que vinculan la agroecología con la raza y el racismo han sido menos pronunciadas."

Mi intento aquí es elevar el trabajo solidario que existe e insistir más en la conversación: ¿Qué pueden aprender los agroecólogos de las luchas en curso para beneficio de las vidas de los negros en términos de una práctica antirracista activa? ¿Cómo, específicamente, se conecta el movimiento abolicionista con una política de cambio agroecológico transformador?

¿Puede la identificación de paralelismos entre el complejo industrial-penitenciario y el complejo industrial agroalimentario ayudar a los movimientos abolicionistas y agroecológicos a visualizar cómo aplastar las estructuras opresivas y afirmar la vida?

La discusión que sigue comienza y termina en la tierra. La COVID-19 arrasó con las separaciones sociedad / naturaleza. Por lo tanto, primero me refiero a cómo los paisajes simplificados, despojados de sus cortafuegos ecológicos, pueden restaurarse mediante la biodiversidad. A continuación, paso a cinco lecciones de la abolición para provocar el diálogo y el aprendizaje mutuo.

Sanando la grieta ecológica al mejorar la matriz de la naturaleza

A finales de la década de 1960, el ex agricultor convertido en ecologista Richard Levins (1969) desarrolló el concepto de "metapoblación" para describir una "población de poblaciones." Las poblaciones en ecología son un grupo de organismos de la misma especie que se cruzan y viven en el mismo lugar al mismo tiempo. Levins estaba interesado en la dinámica de las metapoblaciones porque comprendía que en los hábitats fragmentados, las extinciones locales son frecuentes — e inevitables — pero están continuamente contrarrestadas por migraciones desde parcelas de paisajes habitados (Hanski y Simberloff 1997). Inspirado por la epidemiología clásica, Levins desarrolló una nueva forma de pensar sobre la supervivencia de los organismos a lo largo del tiempo basándose en que una fracción o un porcentaje de todos los hábitats disponibles contienen una subpoblación de la especie focal. Así como los médicos de enfermedades infecciosas se preocupan por los porcentajes de personas enfermas, el análisis de la metapoblación se ocupa de la proporción de todos los hábitats que se llenarán.

Levins entendió que las extinciones no eran algo que los humanos pudieran prevenir de manera significativa. A nivel local, las subpoblaciones están desapareciendo todo el tiempo. Lo que impide que la metapoblación en su conjunto se extinga no es la ausencia de extinción de ninguna de sus subpoblaciones, sino el hecho de que si un fragmento de bosque pierde, digamos, todos sus colibríes de cola marrón rojiza, ese fragmento será repoblado a partir de otros fragmentos en algún momento en un futuro próximo. La segunda idea fue que, si bien la sociedad es relativamente impotente para cambiar las tasas de extinción, la sociedad puede afectar significativamente las tasas de migración. Aquí, es importante comprender que la migración no ocurre en el vacío: los animales, insectos y otros organismos se mueven a través de lo que los biólogos llaman una "matriz." Y la calidad de esta matriz afecta profundamente la posibilidad de migración y, por lo tanto, la posibilidad de supervivencia general de la metapoblación.

El cuidadoso relato de Perfecto, Vandermeer y Wright de la teoría de Levins en *Nature's Matrix* (2009) ilustra cómo la agricultura industrializada — las plantaciones de banano empapadas de plaguicidas, por ejemplo — se enfrenta a la vida silvestre con una matriz impenetrable para la migración. ¿Qué significaría construir una matriz *de alta calidad*, a través de la cual los organismos podrían moverse con éxito, asegurando que la biodiversidad persista? Aquí es donde entra la agroecología — un arte y una ciencia basados en la reducción de la dependencia de los agricultores de los insumos mercantilizados y en la mejora de las interacciones beneficiosas entre los organismos cuyas funciones apoyan y son respaldadas por la agricultura (Altieri 1995; Gliessman 2015). Debido a que la agroecología depende principalmente de la biodiversidad, puede proporcionar a la vida silvestre migrante: forraje, sitios de anidación, corredores libres de químicos y otros elementos de una matriz a través de la cual es probable que los organismos viajen con éxito. Este arreglo es más propicio para la biodiversidad en general, promueve la biodiversidad agrícola y es clave para reconciliar lo que históricamente se ha planteado como una relación antagónica entre la biodiversidad y los objetivos de seguridad alimentaria (Chappell 2018). También, de manera tentadora, sugiere una forma de impedir la propagación viral.

Los brotes de SARS-CoV-2, Ébola y otros patógenos sugieren que las transformaciones impulsadas por la economía en el uso de la tierra han alterado las matrices a través de las cuales la estocasticidad [efectos aleatorios o al azar] en el medio ambiente actúa como "un freno inherente al impulso de los patógenos a nivel de la población" (Wallace et al. 2015). Restaurar este poder de frenado, entonces, significa reconstruir los agroecosistemas, lo que puede parecer una diversificación a escala de campo, finca y paisaje (Kremen y Miles 2012). La reconstrucción puede incluir técnicas como el policultivo y el cultivo intercalado de varias especies para mejorar la diversidad genética y, por lo tanto, la estocasticidad a nivel de población. Puede implicar la integración de ganado o peces con cultivos (sistemas mixtos de cultivo) y / o la rotación de cultivos o ganado a lo largo del tiempo. Alrededor del campo, los "cortafuegos ecológicos" podrían incluir plantaciones no agrícolas en los bordes del campo, como cercas vivas y setos. A escala de paisaje, si bien la agricultura de mercado puede destruir bosques y destruir muchos patógenos mediante la eliminación de hospedadores y hábitats, dicha producción también puede liberar muchos más patógenos, "especialmente aquellos que circulan entre reservorios hospederos que se adaptan a la nueva agricultura (como monos, pájaros y murciélagos)"(Wallace et al. 2015). Por lo tanto, a escala de paisaje, *las prácticas* para mejorar la matriz agroecológica pueden incluir comunidades naturales o seminaturales de plantas y animales dentro del paisaje / región cultivado. Los agricultores pueden barbechar ciertos campos, instalar amortiguadores ribereños e incorporar pastos, prados, arboledas, estanques, marismas, arroyos, ríos y lagos, o combinaciones de los mismos en sus sistemas (Kremen y Miles 2012).

La mejora de la matriz a través del diseño agroecológico también restaura el ciclo de nutrientes que es fundamental para la ruptura metabólica. Si bien Marx percibió correctamente la fertilidad del suelo "como ligada a las relaciones sociales de la época" (citado en Foster 1999, 375), entendió que la brecha metabólica era un fenómeno espacial, el resultado de personas desplazadas que se llevaban sus nutrientes con ellas. Pero un análisis más completo, como sostienen Schneider y McMichael (2010), incluiría la agricultura conduciendo los mecanismos ecológicos de la grieta. Su énfasis en las prácticas dentro de los agroecosistemas llama la atención sobre las técnicas agrícolas que pueden degradar o, por el contrario, mejorar la calidad del suelo, más allá de sacar a las personas de la tierra. Entre las prácticas agroecológicas que contribuyen tanto a la fertilidad del suelo (al relacionar los ciclos de nutrientes) como al control de la pandemia (al ofrecer una alternativa a las CAFO's) se encuentra la devolución del ganado a la tierra. Por ejemplo, los sistemas silvopastoriles[2] com-

2. "El silvopastoril es uno de los muchos enfoques agroforestales. En los sistemas silvopastoriles, los árboles se combinan con la producción animal; y en los sistemas agrosilvopastoriles, el agricultor maneja una mezcla compleja de árboles, cultivos y animales. Todos los sistemas

binan árboles con la cría de ganado y cultivos forrajeros, y se han probado ampliamente en Nicaragua, Colombia y Costa Rica (Gobbi 2002; Pagiola et al. 2007) y también en España, Portugal y Francia (Rigueiro-Rodríguez, McAdam y Mosquera-Losada 2008). Combinando plantas forrajeras como pastos y hierbas leguminosas con árboles y arbustos para la nutrición animal, los sistemas silvopastoriles brindan a los agricultores varias herramientas para completar y cerrar los ciclos de nutrientes. Pueden alimentar al ganado con el follaje de árboles y arbustos específicamente plantados. Pueden cultivar cercas simples de árboles pequeños para rodear el ganado o cercas complejas, donde los árboles grandes crecen en estructuras que forman un completo dosel arbóreo, dando sombra a los animales. En conjunto, estos sistemas pueden proporcionar carne y leche como productos alimenticios, material para cercas, forraje y nutrientes del suelo para renovar la producción de los agricultores, y servicios como corredores de vida silvestre y almacenamiento de carbono que benefician al ecosistema más amplio (Garbach, Lubell y DeClerck 2012).

A pesar de los beneficios bien documentados del silvopastoreo y otras estrategias que reintegran los sistemas de cultivo y el manejo de animales domésticos, la escala a la que se han adoptado sigue siendo pequeña (Dagang y Nair 2003; Garbach, Lubell y DeClerck 2012). Para estos enfoques y para la agroecología en general, los investigadores ahora apuntan a estrategias de "amplificación," "masificación," y "expansión en paralelo" que pueden escalar la agroecología para incluir a más personas en más lugares mientras se resiste a las tendencias de despojar a la agroecología de su potencial transformador (Brescia 2017; Mier y Terán Giménez Cacho et al. 2018). Este trabajo sugiere que se necesitan múltiples impulsores interconectados para llevar la agroecología a escala, desde los mercados favorables hasta las políticas de apoyo, desde las redes de aprendizaje hasta las prácticas agroecológicas eficaces. Sin embargo, como lo describen Mier y Terán Giménez Cacho et al. (2018, 637), algunos impulsores pueden precondicionar a otros: la organización social y el tejido social,

---

agroforestales son buenos ejemplos del aprovechamiento de la diversidad y el desarrollo sucesional para la producción de alimentos y otros productos agrícolas." Libro de texto de Agroecología de Gliessman (3ª ed. 2015); Pagiola (2007) lo define de la siguiente manera: "Los sistemas silvopastoriles combinan plantas forrajeras como pastos y leguminosas con árboles y arbustos para nutrición animal y usos complementarios."

sugieren, son los "medios de crecimiento" sobre los que avanzan otros factores de escala.

Es decir, la agroecología no puede escalar para proporcionar sistemas alimentarios resistentes a las pandemias a menos que también se aborden las profundas brechas metabólicas *sociales*. En los EE. UU. y en todo el mundo, la agroecología no puede evitar enfrentarse al racismo frontalmente si se quiere hacer realidad la igualdad radical que propone. Las tensiones por la violencia racial ahora han llegado a ebullición en los Estados Unidos, ofreciendo una poderosa lección sobre cómo organizar la resistencia para los agroecólogos y muchos otros.

Sanando brechas sociales y epistémicas con lecciones de la abolición

El asesinato de George Floyd desencadenó manifestaciones masivas como ninguna otra vista desde la era de los derechos civiles (Singh y Lakhani 2020). El Sr. Floyd, un hombre afroamericano, había sido asesinado el Día de los Caídos en Guerra por la policía de Minneapolis, uno de cuyos miembros presionó su rodilla contra el cuello de Floyd durante casi nueve minutos mientras Floyd llamaba a su madre y jadeaba: "No puedo respirar." Las protestas callejeras aumentaron durante las próximas semanas, extendiéndose por cientos de ciudades y pueblos de EE. UU. Y provocando protestas paralelas en más de 60 países a nivel mundial, de Accra a Seúl, de Palestina a Pisa (LFGP 2020). Los manifestantes corearon los nombres de Breonna Taylor, Ahmaud Arbery, Tony McDade, Nina Pop y otros asesinados por la policía, justo cuando la COVID-19 arrasaba sus comunidades. En los Estados Unidos, los manifestantes ocuparon puentes y parques, derribaron estatuas confederadas y coloniales y pidieron a las universidades públicas y municipios que se despojaran de la policía y reinvirtiesen en formas anticarcelarias para mantener la armonía social.

Los trabajadores del sistema alimentario se rebelaron simultáneamente. Las acciones de huelga del Primero de Mayo habían visto a trabajadores de primera línea en empresas desde Amazon hasta Whole Foods y Walmart en huelga con demandas de mejores condiciones de salud y seguridad, junto con el pago por peligrosidad (Cook 2020). El ímpetu para esta resistencia fue simple, dijo Kali Akuno, cofundador de Cooperación Jackson, una organización de base en Mississippi enfocada en construir una economía solidaria: "Las corporaciones y el gobierno están dispuestos a sacrificar a decenas de miles de nosotros. Tenemos que anteponer las personas a las ganancias" (Akuno 2020). Desde el punto de vista de Akuno, la COVID-19 estaba abriéndose camino de manera desigual en todo el país, siguiendo las arraigadas desigualdades sociales que han hecho que las comunidades de color sean más vulnerables a la enfermedad. Aunque los datos disponibles públicamente sobre los resultados raciales eran irregulares desde el principio, los académicos y periodistas comenzaron a reconstruir las desigualdades. En mayo, por ejemplo, la Nación Navajo superó a Nueva York y Nueva Jersey para alcanzar las infecciones per cápita más altas del país (Sternlicht 2020). Una investigación posterior a nivel nacional reveló que los residentes latinos y afroamericanos han tenido tres veces más probabilidades de infectarse y casi el doble de probabilidades de morir que sus vecinos blancos (Oppel et al. 2020). "Por supuesto que hay protestas," dijo la profesora de Princeton Keeanga-Yamahtta Taylor (2020a), "El estado le está fallando a los negros."

Sin embargo, mientras el estado le fallaba a la gente, *la gente* respondía a la COVID-19 con solidaridad, generosidad y cuidado colectivo. Las huelgas laborales y de alquiler evolucionaron dentro y junto con miles de esfuerzos comunitarios para brindar ayuda mutua y socorro en casos de desastre a las comunidades vulnerables (MADR 2020). De manera similar, la rebelión de Floyd fue producto de décadas de organización, como el historiador de UCLA Robin D.G. Kelley (2020) señaló: "No estamos aquí por accidente", y fue un momento catalizador para personas de mucho más allá de los movimientos organizados. Madres y niños negros y no negros, educadores y empresarios, ancianos y especialmente jóvenes se unieron para expresar la indignación colectiva contra el statu quo. En los vecindarios, las iglesias, las oficinas del ayuntamiento y el de repente omnipresente Zoom Space, la gente estaba aprendiendo sobre y apoyándose en la abolición de la policía (Illing 2020; M4BL 2020a). Algunos cambios se materializaron rápidamente. A principios de junio, las Escuelas Públicas de la Universidad de Minnesota y Minneapolis tomaron medidas para cortar vínculos con la policía de la ciudad. Más tarde ese mes, en una victoria de 50 años en proceso, la junta escolar de Oakland aprobó una resolución para abolir por completo su departamento de policía escolar (Ríos 2020). Al menos otros

50 distritos escolares alrededor del país han reducido significativamente el uso de "oficiales de recursos escolares" — un eufemismo para la policía con juramento de carrera instalado en las escuelas — o los han eliminado por completo, según el Instituto de Política de Justicia. La naturaleza multirracial y generalizada de los levantamientos que llevaron a estas victorias fue reveladora, dijo Keeanga-Yamahtta Taylor (2020b), y "estamos viendo la convergencia de una rebelión de clase con el racismo y el terrorismo racial en el centro." Esta convergencia ha revivido un discurso de *abolición* que es más relevante para la transformación de los sistemas alimentarios de lo que parece.

Abolición en pocas palabras

La abolición como concepto surgió del movimiento de abolición de la esclavitud y ahora se centra en el estado carcelario y el "complejo industrial penitenciario" (Gilmore 1999, 2007), un término utilizado por primera vez por el sociólogo Mike Davis en relación con el sistema penal de California. (M. Davis 1995). En su libro de 2003, *Are Prisons Obsolete?*, la activista, académica y ex presa política Angela Davis alentó a los lectores a cuestionar su comprensión — y aceptación tácita — del sistema penitenciario de Estados Unidos. Davis rechazó la idea de detenerse en la reforma, argumentando que centrarse en hacer pequeñas mejoras en el complejo industrial de las cárceles socavaba el objetivo más amplio de la decarceración y la construcción de sociedades comprometidas con poner fin al racismo estructural en todas sus formas. "Los abolicionistas de las prisiones son descartados como utópicos e idealistas cuyas ideas son, en el mejor de los casos, poco realistas e impracticables y, en el peor, desconcertantes y tontos," escribió Davis.

Esta es una medida de lo difícil que es imaginar un orden social que no dependa de la amenaza de secuestrar a las personas en lugares espantosos diseñados para separarlos de sus comunidades y familias. La prisión se considera tan "natural" que es extremadamente difícil imaginar la vida sin ella (A.Y. Davis 2003, 9–10).

Casi dos décadas después, la sociedad todavía está luchando por dar una respuesta a la acusación de Davis. Según la Prison Policy Initiative, a marzo de 2020, el sistema de justicia penal estadounidense tenía casi 2,3 millones de personas en 1,833 prisiones estatales, 110 prisiones federales, 1,772 correccionales juveniles, 3,134 cárceles locales, 218 centros de detención de inmigrantes y 80 cárceles de comunidades indígenas, así como también en las prisiones militares, los centros de internamiento civil, los hospitales psiquiátricos estatales y las prisiones en los territorios de los Estados Unidos (PPI 2020). Los enormes presupuestos policiales se mantuvieron constantes en diversas geografías y ciudades de EE. UU., Con hasta un 20 a un 45 por ciento de los fondos discrecionales asignados al sistema policial, según los datos de junio de 2020 recopilados por el Centro para la Democracia Popular (CPD 2020).

Los movimientos para abolir este aparato carcelario en expansión cobraron prominencia en California en la década de 1990 con la fundación del proyecto Resistencia Crítica, una organización nacional contra las prisiones con un enfoque abolicionista cofundada por Angela Davis y la profesora Ruth Wilson Gilmore. Hoy en día, Critical Resistance (CR) opera desde un lente de justicia racial explícitamente interseccional, en el que la abolición contrarresta las muchas formas en que se recolecta y mantiene el poder a través del complejo industrial de la prisión, "incluyendo la creación de imágenes en los medios de comunicación que mantienen vivos los estereotipos de las personas de color, gente pobre, gente queer, inmigrantes, jóvenes y otras comunidades oprimidas como criminales, delincuentes o desviados" (CR 2020). Este poder, explica CR (2020), se consolida a través de varios canales: obtener ganancias exorbitantes para las empresas privadas, asegurar ganancias políticas para los políticos "duros en contra del crimen," mejorar la influencia de los sindicatos de policías y guardias de prisiones y "eliminar la disidencia social y política" por comunidades oprimidas que hacen demandas de autodeterminación y reorganización del poder en los Estados Unidos" (AY Davis 2003).

Para los estudiosos de la Tradición Radical Negra, el trabajo realizado por Critical Resistance, Dignity and Power y otras organizaciones de base surge de una comprensión del "capitalismo racial," un concepto que Robinson (1983) expandió a un análisis generalizado del papel del racismo en la consolidación histórica del capitalismo. Para Robinson, el capitalismo y el racismo no rompieron con el antiguo orden feudal, sino que evolucionaron a partir de él para producir un sistema mundial moderno de capitalismo racial dependiente de la esclavitud, la violencia, el imperialismo y el genocidio. Abolición, entonces, en palabras de Johnson y Lubin (2017, 12):

> Implica no sólo el fin de la esclavitud racial, la segregación racial y el racismo, sino la abolición de un orden capitalista que siempre ha sido racial, y que no sólo extrae vida de los cuerpos negros, sino que deshumaniza a todos los trabajadores mientras coloniza tierras indígenas y encarcela los cuerpos excedentes.

Fue W.E.B. Du Bois, como sugiere Johnson y Lubin, quien fue el primero en discutir (aunque no promulgar) el abolicionismo en este sentido más amplio. Du Bois vio la democracia de abolición durante la era de la Reconstrucción como una lucha política por la liberación colectiva, trayendo libertad a los trabajadores blancos y negros en forma de riqueza redistribuida, educación pública gratuita entre los trabajadores pobres y, para muchos, el derecho a votar.

En resumen, la abolición es una estrategia práctica y una visión política: eliminar el encarcelamiento, la policía, el militarismo y la vigilancia y crear alternativas duraderas a la violencia. Como conjunto de creencias políticas, no se trata sólo de "abrir de par en par las puertas de la prisión," como explica CR, sino de crear "nuevos modelos de vida" (CR 2012, 27); los abolicionistas buscan construir un mundo *con* para lograr un mundo *sin*. En términos prácticos, las estrategias incluyen desinvertir en la policía y las prisiones para reinvertir en el autogobierno y en el cuidado de la comunidad, en ayudas para la salud mental, en consejeros de trauma y en interruptores de violencia en el vecindario (8toAbolition 2020). Implica derogar las leyes que criminalizan ofensas cometidas para poder sobrevivir, deteniendo así el flujo de personas que son arrastradas innecesariamente al sistema de castigo penal. Invocando a Du Bois, los abolicionistas exigen la liberación colectiva logrando así lo que el capitalismo racial no consigue: acceso a viviendas seguras y asequibles, atención médica de alta calidad y alimentos nutritivos y culturalmente apropiados; acceso a modos públicos de compartir información que no tenga restricciones de propiedad; y acceso a un legado intelectual comunal en el que los trabajadores, estudiantes, miembros de la comunidad y académicos son todos igualmente valorados y centrados en una visión de futuros educativos (COC

2020). Todos estos son elementos de lo que los abolicionistas consideran condiciones previas para una vida libre de violencia.

4

Lecciones de la abolición

La abolición es, en mi opinión, un concepto importante para que los agroecólogos lo consideren, aprendan y vivan. Aunque se pueden escribir libros sobre el tema, ofrezco aquí algunos ejemplos breves de luchas cruzadas con lecciones que los agroecólogos pueden extraer.

Lección 1
Las estructuras fundamentales de organización de la vida social se pueden cambiar

La esclavitud, el linchamiento y la segregación son ciertamente ejemplos convincentes de instituciones sociales que, como la prisión, alguna vez fueron consideradas tan eternas como el sol (Davis 2003, 24).

Primero, la abolición consiste fundamentalmente en rechazar la idea de que las estructuras fundamentales de organización de la vida social son sólidas, naturales o inmutables. Los abolicionistas nos recuerdan que instituciones como la esclavitud, el linchamiento y las leyes de Jim Crow alguna vez se consideraron normales y "naturales."

Cuando Frederick Douglass se embarcó en su carrera como orador antiesclavista, la gente blanca – incluso aquellos que eran abolicionistas apasionados – se negó a creer que un esclavo negro pudiera mostrar tal inteligencia. La creencia en la permanencia de la esclavitud estaba tan extendida que incluso a los abolicionistas blancos les resultaba difícil imaginar a los negros como iguales (Davis 2003, 23).

Fue necesaria una sangrienta Guerra Civil para disolver legalmente la "institución peculiar" de la esclavitud. Incluso entonces, como se muestra en la película de DuVernay (2016), la Decimotercera Enmienda contenía una salvedad devastadora: "Ni la esclavitud ni la servidumbre involuntaria, *excepto como castigo por un delito por el cual la parte haya sido debidamente condenada*, existirá dentro de los Estados Unidos." Esta laguna proporcionó un pretexto para que la policía arrestara a libertos pobres y los obligara a trabajar para el estado en régimen de arrendamiento de convictos, un sistema en el que empresas y propietarios de plantaciones alquilaban prisioneros para construir vías férreas y realizar labores agrícolas (Haley 2016, 17-118). El arrendamiento, el linchamiento y la privación de derechos de los condenados, a su vez, fueron derrocados con los incansables esfuerzos de los movimientos liderados por figuras como Ida B. Wells, Selena Sloan Butler, Mary Church Terrell y activistas del Comité de Coordinación Estudiantil No Violenta, incluyendo una joven aparcera llamada Fannie Lou Hamer (White 2018, 65–87). En un discurso pronunciado en la Convención Nacional Demócrata de 1964, Hamer compartió su propia experiencia con la violencia sancionada por el estado, incluida una golpiza policial que dañó permanentemente su vista y riñones (Hamer 1964).

> ¿Es esta América, la tierra de los libres y el hogar de los valientes, donde tenemos que dormir con los teléfonos descolgados porque nuestras vidas están amenazadas diariamente, porque queremos vivir como seres humanos decentes, en América? ella preguntó.

La Ley de Derechos Electorales de 1965 fue promulgada por el presidente Lyndon B. Johnson el año siguiente.

El doble filo de este trazo de lápiz y otros similares fue la rapidez con la que los gobiernos, las corporaciones y los principales medios de comunicación se han movido para representar el racismo como una cosa del pasado. Las CEO de mujeres negras y los hombres negros en la Oficina Oval se presentan como símbolos de una sociedad postracial, oscureciendo el racismo estructural que hoy se extiende desde la ecología de los paisajes urbanos (Schell et al. 2020) hasta los patrones de infección por COVID-19 y mortalidad. Al mismo tiempo, como Angela Davis escribió hace casi 20 años, "cualquiera que se atreviera a pedir la reintroducción de la esclavitud, la organización de linchamientos o el restablecimiento de la segregación legal sería despedido sumariamente" (Davis 2003, 24). Las instituciones racistas, en otras palabras, eran mucho más vulnerables de lo que nadie hubiera imaginado. Hemos visto cambios dramáticos en el pasado porque la gente insistió en la abolición.

Traducido a los términos del sistema alimentario, los agroecólogos deberían sentirse alentados de que los soles eternos de la prolongada Revolución Verde y el régimen alimentario corporativo sean de hecho vulnerables. El comercio liberalizado, los mercados libres, la financiarización y los derechos de propiedad privada sobre la tierra, el agua, los animales y las semillas pueden desestabilizarse. El abaratamiento sistemático de la naturaleza, el trabajo, el cuidado y la vida que hace que los alimentos sean tan baratos puede ser deslegitimado al igual que lo fue la esclavitud (la institución original de vidas baratas). Lo que parece radical ahora, en términos de practicar la agricultura basada en la biodiversidad, establecer cooperativas agrícolas y alimentarias propiedad de los trabajadores, y promulgar la agencia y el poder en la gobernanza agroalimentaria puede convertirse en sentido común.

¿Cómo? La historia de la abolición muestra que esta evolución, si bien es posible, no es "natural"; no se restablecieron nuevos valores normales sin una organización contrahegemónica sostenida y sin gente dispuesta a asumir riesgos. Hamer, por ejemplo, es recordada a menudo por su activismo electoral. Pero el mayor riesgo que ella y otros corrieron fue exigir que el estado apoyara los cambios que las comunidades ya estaban haciendo. Al fundar la Cooperativa de Granjas Libres [Freedom Farms, en Inglés] de Mississippi, vio a la comunidad como un lugar de gobierno eficaz, donde los granjeros negros podían promulgar una política prefigurativa de propiedad colectiva, cuidado colectivo y autodeterminación. Tales retractaciones del uso y participación en sistemas dominantes socavan las dependencias centrales de las que se alimenta cualquier sistema opresivo, cambiando así las bases para que las estrategias emancipadoras como la abolición y la agroecología se afiancen.

Lección 2
La reforma no es suficiente

De ello se deduce, entonces, que los agroecólogos deben resistir el impulso de simplemente reformar las estructuras opresivas. La abolición dice NO. La reforma no se sustenta en la evidencia. "No hay una sola era en la historia de Estados Unidos en la que la policía no haya sido una fuerza de violencia contra los negros," escribió Kaba (2020), organizador y educador de la abolición desde hace mucho tiempo, en el New York Times. Desde las patrullas de esclavos de los años 1700 y 1800 hasta los departamentos de policía que rompieron las huelgas de mediados del siglo XIX, la policía siempre ha reprimido a las personas marginadas para proteger el status quo. Sin embargo, seguramente, tras el asesinato de Floyd, surgieron muchas respuestas reformistas. Las universidades se apresuraron a reunir nuevos grupos de tarea conformados por minorías interesadas. Los departamentos de policía se comprometieron a revisar los usos de la llave de estrangulamiento como una forma de restricción. Una campaña llamada "#8Can'tWait" [#8NoPuedeEsperar] generó inercia en las redes sociales, obteniendo el respaldo de celebridades; sus principios incluían prohibir la llave de estrangulación, exigir advertencias antes de disparar y otros medidas facturadas como efectivas, sin costo y fáciles de implementar (Yglesias 2020).

Algunos eventos revelaron la cubierta atractiva en la que a menudo viene el reformismo. En la Universidad de California-Los Ángeles, el profesorado organizó un Colectivo de Desinversión / Inversión y pidió a su universidad que pusiera fin a la relación de la universidad con el Departamento de Policía de Los Ángeles, que retirara los fondos al Departamento de Policía de la UC y que redirigiera los recursos hacia la enseñanza de la justicia racial y de género y a formas anti-carcelarias de rendir cuentas. "Queremos ser claros," escribieron (UCLA 2020):

> esto no es un llamado a la reforma policial o una mejor capacitación o enfoques más amables y gentiles como cambiar a una policía comunitaria. Está emergiendo un consenso nacional, en efecto mundial, que rechaza tal reforma.

La universidad respondió rápidamente con una propuesta de reforma envuelta en el lenguaje corporativo de la diversidad. Como explicó el profesor de Estudios Negros Robin D.G. Kelley, UCLA prometió revisar la relación del campus con otras fuerzas policiales, discutir el entrenamiento conjunto para UCPD y LAPD, y emprender entrenamiento acerca de parcialidad implícita y acerca de desescalamiento. En otras palabras, dijo, "todas estas cosas que no funcionan" (SSJ 2020). Además, Kelley advirtió sobre los movimientos tácticos de la administración "para dividir nuestras filas." Hacen esto todo el tiempo, dijo. "Ofrecen recursos para Estudios Negros y Estudios Étnicos a cambio de descartar las demandas para abolir la policía." Las opciones se presentan como un juego de suma cero en el que se ofrecen filas de profesores, mejores salarios y oficinas más elegantes como alternativas realistas al objetico (abolición) que "no es realista." Kelley preguntó (SSJ 2020): "¿Quién va a aceptar el soborno? ¿Y vamos a aferrarnos a un cambio estructural real?"

Los agroecólogos pueden aprender de estas experiencias entre reforma y transformación en sus propias luchas (Holt Giménez y Shattuck 2011). En la última década, la agroecología ha ganado una nueva popularidad, y todos, desde CropLife, un grupo comercial que representa a la industria agroquímica, hasta la Organización de las Naciones Unidas para la Agricultura y la Alimentación, han adoptado recientemente sus términos, si no siempre sus principios. Como observan Giraldo y Rosset (2018, 546): "La agroecología ha pasado de ser ignorada, ridiculizada y / o excluida por las grandes instituciones que presiden la agricultura mundial a ser reconocida como una de las posibles alternativas disponibles para abordar las crisis provocadas por el Revolución verde." Estos desarrollos presentan riesgos pero también oportunidades para los agroecólogos y sus aliados. ¿Qué es reforma? ¿Qué es la transformación? ¿Qué cambios incrementales, que no deben confundirse con simplemente ajustar el statu quo, pueden funcionar lentamente para revertir, desbloquear y abrir espacio para que crezcan alternativas duraderas? Las palabras de Kelley deberían resonar en los oídos de los agroecólogos. *«¿Quién va a aceptar el soborno? ¿Y vamos a aferrarnos a un cambio estructural real?»*

Con esta provocación, es posible examinar el panorama de las luchas del movimiento por los alimentos con un ojo más crítico. Las victorias del movimiento han dado como resultado un mejor pago para algunos trabajadores de comida rápida y trabajadores agrícolas ($15 por hora y un centavo por libra, respectivamente), en más opciones orgánicas en el supermercado, en ausencia por enfermedad pagada y en equipo de protección para los trabajadores de empacadoras de carne, en incentivos económicos para proteger la salud del suelo y la inclusión de la agricultura en el Green New Deal [Nuevo Acuerdo Verde]. Sin embargo, estos logros se convierten fácilmente en reformas parciales si se perciben como puntos finales, en lugar de pasos en un camino complicado hacia la transformación estructural. Sin tal análisis, es muy fácil confundir triunfo cuando se trata sólo de menos abuso. Comenzamos a considerar la victoria como máscaras para personas encadenadas a líneas de desmontaje de animales de granja, en lugar de preguntarnos si ese sistema tiene algún sentido. Olvidamos cuán eficientemente los terratenientes a gran escala obtienen una ventaja en cualquier sistema mercantilizado, incluidos los pagos de carbono. Tratamos a EE. UU. como una isla que puede "volverse verde" aisladamente, sin enfrentar la realidad político-económica en la que la acumulación primitiva siempre abre nuevas fronteras, y los recursos ambientales, como el litio boliviano, preciado para fabricar baterías, nunca vienen de la nada.

¿Qué significa esto para que la agroecología gane un mayor reconocimiento institucional? Una preocupación expresada por Giraldo y Rosset (2018, 545) es el fuerte riesgo de que "la agroecología sea cooptada, institucionalizada, colonizada y despojada de su contenido político." Sin embargo, también reconocen que si la agroecología es un territorio en disputa, los movimientos sociales pueden valerse de la creciente popularidad de la agroecología para realizar cambios sustanciales en el sistema alimentario. Las lecciones de la abolición sugieren que los movimientos de agroecología necesitarán no sólo aplicar una presión concertada, sino también promover propuestas políticas claras. Donde la abolición exige desfinanciar a la policía, eliminar las cárceles y disolver el aparato legal asociado con la justicia penal, las propuestas agroecológicas deberán especificar la terminación no negociable de componentes análogos, bien "incrustados" en los muchos elementos discretos, del régimen industrial agroalimentario. Tomando prestado de un análisis de IPES-Food (2016), estos incluyen: el fin de la orientación exportadora de los mercados agrícolas impuesta a muchos países, particularmente en el Sur global; el fin de las medidas de éxito moldeadas en un modelo produccionista que no puede ver el éxito en otros términos; el fin del pensamiento compartimentado y reduccionista que no puede acomodar los entendimientos relacionales, ecológicos y diversas visiones del mundo; y el fin del mantra maltusiano de "alimentar al mundo" que, como un zombi, ha estado muerto hace mucho tiempo pero todavía nos persigue. Más allá de lo que propuso el IPES, incluye reconocer que la concentración del poder en los sistemas alimentarios es y siempre ha sido racializada. Si es así, entonces una agroecología abolicionista debe exigir, como algo innegociable, que todas las formas de opresión deben desaparecer.

Lección 3
La abolición no es simplemente una estrategia negativa

La abolición se trata de presencia, no de ausencia. Se trata de construir instituciones que afirmen la vida. (Gilmore, en MPD150 2020)

En la tradición de abolicionistas como Angela Davis y Ruth Gilmore, la abolición nunca se refiere simplemente a desmantelar o deshacerse de los sistemas de violencia. Se trata de reinventar y construir de nuevo el mundo. Además, estas visiones, se llevan a la tierra con estrategias prácticas para reasignar recursos que ya existen. "Hacemos un llamado a las localidades y a los funcionarios electos de todo el país para que redistribuyan recursos de la policía hacia los presupuestos locales y reasignen esos recursos a la atención médica, la vivienda y la educación que nuestra gente merece", dice el Movimiento por las Vidas Negras en su equipo de herramientas de acción Desinvertir / Invertir (M4BL 2020b). La transferencia de fondos de un departamento de policía como el de la ciudad de Nueva York puede liberar enormes recursos para soluciones dirigidas por la comunidad. Según el Center for Popular Democracy (2020), el presupuesto del Departamento de Policía de Nueva York es de casi $6 mil millones y el Departamento de Policía de Los Ángeles tiene un presupuesto para 2020 de $1,7 mil millones, lo que representa más de una cuarta parte del fondo general de la ciudad. Los recursos no son escasos, en otras palabras, como sostiene Gilmore (2007), sólo están secuestrados dentro, por un complejo industrial-penitenciario que funciona para mantener un orden social injusto al asegurar y movilizar capital financiero excedente, tierra, trabajo y capacidad estatal. Los abolicionistas preguntan: ¿qué pasa si, en cambio, redirigimos estos recursos sustanciales hacia la construcción de soluciones que afirmen la vida?

Los agroecólogos conocen demasiado bien el legado de la subinversión. Los procesos que dependen de la trayectoria en la investigación agrícola inscrita por regímenes tecnológicos ahora fácilmente desarrollan algunas soluciones (como la ingeniería genética) pero bloquean otras, incluida la agroecología (Vanloqueren y Baret 2009). Según una investigación de DeLonge, Miles y Carlisle (2016), el presupuesto total del Departamento de Agricultura de EE. UU. en 2014 fue de unos 157,500 millones de dólares. De este total, la agencia gastó aproximadamente $294 millones en subvenciones para investigación, extensión y educación en agricultura. De esa suma, solo $12 millones se destinaron a proyectos con potencial agroecológico transformador, es decir, a integrar aspectos sociales con ecológicos. En los sistemas universitarios, la agroecología ha sido parte de una desfinanciación sistemática de la investigación que se opone a los objetivos de la agricultura industrial. La investigación de biocontrol en el sistema de la Universidad de California, por ejemplo, una vez tuvo sus propios departamentos, instalaciones de investigación y profesorado en UC Berkeley, UC Riverside y UC Davis, combinada con una estación experimental en Albany Gill Tract (Warner et al. 2011). Desde la década de 1920 hasta la de 1970, esta infraestructura generó evidencia científica de un control efectivo de plagas; produjo numerosos estudiantes graduados que se convirtieron en líderes de investigación en otras universidades y agencias gubernamentales; y generó beneficios económicos demostrables para la agricultura de California. Pero mano a mano con el giro neoliberal de la década de 1970, el control biológico, junto con otros departamentos de biología aplicada, se desmanteló lentamente en favor de las inversiones en biología molecular y genética (Buttel 2005).

Por lo tanto, una estrategia de desinversión / inversión para la agroecología es tanto ideológica, con la articulación explícita e intencional de enfoques defensivos y ofensivos, como práctica, con la reorientación del dinero y otros recursos desde donde han sido acumulados con tanta eficacia por la agroindustria. Se trata de exigir a nuestras instituciones públicas que los recursos se canalicen hacia alternativas agroecológicas para que sea realista pasar de nicho a potencial para cambio de paradigma (IPES-Food 2016). Se trata de hacer una crónica de la evidencia: tal como mejoras significativas en la nutrición maternoinfantil, la seguridad alimentaria, la diversidad de cultivos y la igualdad de género en lugares como Malawi y Cuba gracias a la agroecología en el contexto de la educación participativa (Bezner Kerr, Berti y Shumba 2011; Rosset et al. 2011); mejoras en la resiliencia ante desastres climáticos y económicos en lugares como Puerto Rico y Guatemala entre los pequeños agricultores que practican la agroecología (Calderón et al. 2018; Álvarez Febles y Félix 2020); y beneficios para los ingresos y el empleo rurales en partes de América Latina y Europa donde la producción agroecológica transforma mutuamente la organización económica (Mier y Terán Giménez Cacho et al. 2018; van der Ploeg et al. 2019). También se trata de honestidad sobre las incógnitas y deficiencias restantes de la agroecología, por ejemplo, ciencia deshecha, infraestructura pública limitada, escasa política de apoyo, y amenazas de los intereses de los agronegocios, que no debilitarán el argumento a favor de la desinversión y la inversión, sino que deberían fortalecerlo.

Lección 4
Es importante entrenarse

la solidaridad es algo que se hace y se rehace y rehace. Nunca es algo completamente listo (Gilmore 2020).

La mayoría de los abolicionistas y agroecólogos han escuchado alguna versión de la respuesta: "¿No es eso poco realista?" Los escépticos en los EE.UU. que se preocupan de que las escuelas y universidades seguras sean imposibles sin la policía, a menudo se sorprenden al saber que casi todos los países de la Tierra ya han logrado esta hazaña. Las personas que preguntan si la agroecología puede alimentar al mundo no han oído hablar o ignoran el hecho de que la agricultura diversificada a pequeña escala alimentó a la mayoría de las sociedades preindustriales, incluidas las civilizaciones avanzadas. Es posible que no sepan que la agroecología está alimentando a las personas hoy en día, incluso cuando los sistemas alimentarios dominantes les fallan.

Para tomar un ejemplo reciente, Puerto Rico ya era profundamente vulnerable antes del huracán María en el 2017. La isla importa casi el 85 por ciento de sus alimentos, como resultado de que su agricultura local fue desplazada por las plantaciones de azúcar y la industrialización lideradas por Estados Unidos (Gies 2018). Cuando el huracán mató a más de 3,000 personas y el gobierno de los Estados Unidos no respondió, los residentes locales se movilizaron para ayudarse mutuamente en la reconstrucción. Entre ellos se encontraba la Organización Boricua de Agricultura Ecológica, que junto con otras organizaciones puertorriqueñas, despejó carreteras, reconstruyó granjas y entregó alimentos (los cultivos de raíces sobrevivieron a los vientos de 225 Kmph del huracán) a comunidades rurales desesperadas a través de un sistema coordinado de Brigadas de Soberanía Alimentaria que llevaron personas y suministros en la "Guagua Solidaria." Durante la COVID-19, surgieron muchos ejemplos similares de resiliencia agroecológica: desde comunidades indígenas de la Cuenca de los Grandes Lagos revitalizando redes de semillas nativas (Uyeda 2020) hasta el Movimiento de Trabajadores Sin Tierra de Brasil canalizando su capacidad agroecológica para entregar más de 500 toneladas de productos a hospitales y barrios pobres, para transformar cafés urbanos en comedores populares para personas sin hogar y convertir algunos edificios educativos en hospitales improvisados atendidos en parte por sus 130 médicos afiliados (Tarlau 2020). Cuando los agroecólogos, como los abolicionistas, escuchan que sus planes simplemente no son realistas, la respuesta puede y debe ser: a pesar de todo, *ya es* real.

También es real la lucha a través de la cual nace esta capacidad de resiliencia. La lucha no sólo se manifiesta contra los opresores, ya sean autoritarios de derecha en Brasil, la política de austeridad de los Estados Unidos en Puerto Rico, o cárceles a las que se arroja fácilmente a deudores, pueblos indígenas y otros considerados desviados. La lucha por sobrevivir, amplificarse y ganar también ocurre en el interior: dentro y entre distritos electorales superpuestos con compromisos compartidos pero entendimientos variados de cómo se ve ganar y qué estrategias y tácticas específicas funcionarán para lograrlo. Una vez más, la agroecología tiene mucho que aprender y compartir con la abolición.

"Es importante hacer entrenamiento y resolver nuestras diferencias", dijo Gilmore en la conferencia de abolición de MUMI [por las iniciales en inglés de "Haciendo y deshaciendo el encarcelamiento masivo"] de 2019 en Mississippi, señalando que no todos en la sala, y ciertamente no todos en el movimiento abolicionista, están en la misma página, y que no hay necesidad de fingir lo contrario (Herskind 2019). Gilmore no estaba fomentando una dilución de la abolición; por el contrario, ella y otros rechazan activamente tal dilución. Sin embargo, estaba alentando un enfoque que es crítico y relevante para la agroecología, ya que se expande hacia nuevos espacios geográficos, institucionales y culturales. La gente necesita entrenarse, estar en desacuerdo, resolver sus diferencias mientras construyen, y para construir, juntos. La acción y la interacción, además, eleva a abolir como verbo. Ni los "agroecólogos" ni los "abolicionistas" deberían tener tanto que ver con la identidad como con *el hacer*. Ninguno de los dos representa planes para ser esbozados en papel y luego implementados al por mayor. Ambos deben ser practicados y vividos, trabajados y reelaborados.

En esta reelaboración, la abolición y la agroecología dejan de ser reinos para cruzarse y pasan a ser movimientos e ideologías que pueden crecer entre sí. Epistémicamente, un análisis compartido de clase y raza encarnado en el "capitalismo racial" unifica sus causas y compromisos como uno solo: para ser antirracista, la lucha implica una transformación del orden político económico. Para transformar los cimientos de la vida económica, la lucha requiere erradicar el racismo. Estratégicamente, sugiere fortalecer las redes de coaliciones que vinculan la abolición y la agroecología. Los movimientos contra la policía y el estado carcelario podrían estar unidos a movimientos por la justicia económica y la autodeterminación, incluida, en su base, la capacidad de alimentarnos de la tierra. Ellos mostrarían que poner fin al racismo sistémico implica sanar la brecha ecológica, no sólo la social y epistémica. La educación política podría conectar las cárceles y las granjas con las aulas y las cocinas, aprovechando el poder de la educación para dar forma a la acción colectiva: ¿Cuál es la historia de esta condición? ¿Qué sabemos y qué no sabemos? ¿Cómo construir un mundo, que se desprenda de las lógicas carcelarias, que se nutra y crezca desde la ética del cuidado?

El Proceso de Agroecología Popular (PAeP) es un campo en el que estas visiones se están filtrando. Nacido de una estrategia para "eludir la influencia del complejo industrial sin fines de lucro" en América del Norte, PAeP ha crecido desde 2014 a través de "encuentros" basados en lugares diseñados para construir un análisis compartido con movimientos internacionales, forjar relaciones de base más sólidas y promover aprendizaje mutuo (PAeP 2020a, 5, 13). Las personas que han participado en los encuentros dan fe de que están lejos de ser eventos ordinarios de conferencias. "Vivimos juntos, nos alimentamos unos a otros, trabajamos la tierra juntos. Vivimos en comunidad, reconocemos el tiempo y la historia del territorio en el que nos encontramos," dijo Jesús Vázquez de la Organización Boricua (PAeP 2020b). El objetivo más amplio de PAeP, como lo expresó Kathia Ramírez del Comité de Apoyo a los Trabajadores Agrícolas (PAeP 2020a, 5), es "amplificar las luchas que tienen lugar dentro de las diferentes comunidades" y generar "conversaciones que no solemos tener, porque vivimos en una sociedad que nos ha entrenado para trabajar unos contra otros."

Lección 5
Las luchas siempre nos llevan de regreso a la tierra

Este hambre de tierra — esta cosa absolutamente fundamental y esencial para cualquier emancipación real de los esclavos — fue impulsada continuamente por todos los negros emancipados y sus representantes en todos los estados del Sur. Esto se encontró con el ridículo, la ira y los esfuerzos deshonestos y poco sinceros para satisfacerla aparentemente (Du Bois 1935, 601).

La abolición es profundamente agraria, aunque los académicos agroalimentarios han tardado en vincular las cárceles y los sistemas alimentarios. Los historiadores remontan sus raíces ideológicas y materiales a la plantación, un sistema que cultivaba no sólo algodón sino también una gestión jerárquica del lugar de trabajo que, según Desmond (2019), dio lugar a una forma de capitalismo estadounidense "excepcionalmente severa y desenfrenada." Mucho antes de las líneas de ensamblaje industrial (y desarmado de empacadoras de carne), la plantación promulgó sistemas de seguimiento de datos castigadores para capitalizar las economías de escala en el cultivo del algodón. Los supervisores controlaban meticulosamente las velocidades de las líneas de los trabajadores, registraban las cuotas de recolección diarias y disciplinaban a los trabajadores de bajo rendimiento.

"Cada individuo tiene una cantidad determinada de libras de algodón para recoger," escribió Henry Watson, un trabajador anteriormente esclavizado, en 1848, "cuyo déficit se compensó con la aplicación de tantos latigazos en la espalda del pobre esclavo » (citado en Desmond 2019). Este enfoque funcionó. Para 1862, el promedio trabajador esclavizado de campo estaba recogiendo alrededor del 400 por ciento de la cantidad de algodón que su contraparte en 1801.

Después de la Guerra Civil, los plantadores recurrieron al arrendamiento de convictos para mantener este sistema intacto, a pesar de la emancipación legal. Aunque el arrendamiento de convictos se eliminó gradualmente a principios del siglo XX en la mayoría de los estados, el trabajo esclavo continúa sirviendo a las granjas penitenciarias en el siglo XXI (Evans 2018). Las antiguas plantaciones componen algunos de los 130,000 acres [=52,611 hectáreas] agrícolas que actualmente mantiene y opera el Departamento de Justicia Criminal de Texas (Reese y Carr 2020). La penitenciaría estatal de Angola sigue siendo una plantación en funcionamiento, con reclusos que cultivan alimentos para todas las cárceles de Luisiana y ganado para el mercado abierto. "Los prisioneros se dedican a la agricultura bajo la supervisión de guardias a caballo que portan escopetas" (Goldberg 2015).

Gilmore describe la expansión de las cárceles en California como "una solución geográfica a los problemas socioeconómicos" (1999, 174), mostrando cómo las cárceles de California tales como San Quentin estaban ubicadas en tierras rurales devaluadas, la mayoría, de hecho, en áreas agrícolas que antes eran irrigadas. Ampliando este argumento en *Golden Gulag* (2007), ella sitúa el complejo industrial-prisión dentro de los ciclos históricos de acumulación de capital global que continuamente han requerido y por lo tanto reproducido un sistema carcelario para asegurar y movilizar excedentes de tierra, mano de obra, capital financiero, y poder estatal. Las penitenciarías y los centros de detención son paisajes robados, constituidos mutuamente por el despojo indígena, el imperialismo fronterizo y el capitalismo racial.

Por tanto, la tierra comparte cuna con la abolición. Lo que W.E.B. Du Bois (1935, 601) llamó "hambre de tierra" entre los liberados durante la Reconstrucción fue lo que permitió a dos generaciones de trabajadores negros sobrevivir a duras penas en la tierra hasta principios del siglo XX.

Pero en las décadas posteriores a la Segunda Guerra Mundial, el despojo masivo casi destruyó la agricultura negra. Los agricultores negros en los Estados Unidos alcanzaron su punto máximo en 1920, cuando sumaban casi 1 millón. En la actualidad, del total de 3.4 millones de agricultores del país, sólo el 1.4 por ciento son negros, según los datos del censo del USDA [Departamento de Agricultura de los EE. UU.] (USDA 2019). Hoy en día, las familias negras tienen escasamente 4.7 millones de acres — una pérdida de casi el 90 por ciento desde 1920. Esta "pérdida" de tierras quizás se describa mejor como una apropiación de tierras, ya que los terratenientes blancos recuperaron la tierra de las familias negras a través de una variedad de mecanismos legales — incluyendo los impuestos por ventas, las ventas de partición y por medio de juicios hipotecarios, así como los mecanismos ilegales como la estafa por parte de abogados y especuladores, y los actos de violencia o de directa intimidación (Newkirk 2019).

Sin embargo, en los últimos años, a medida que el agrarismo negro regresa en las comunidades tanto urbanas como rurales (Snipstal 2015; White 2018), la atención se ha vuelto a las reparaciones (NBJFA 2020). Cuando la cofundadora Leah Penniman fundó Soul Fire Farms en 2011, su objetivo era construir una organización agrícola sostenible y multirracial que administrara programas de soberanía alimentaria, ofreciera capacitación a agricultores negros y bronceados y apoyara sesiones de retiro de activistas (Collier 2018). En febrero de 2018, Soul Fire también comenzó a liderar un movimiento de agricultores negros que pedían reparaciones por siglos de esclavitud e inequidad racial en los EE. UU. Un aspecto central de este esfuerzo es un Mapa de reparaciones para agricultores negros e indígenas (Soul Fire 2018), que a partir de la primavera de 2020 incluía 114 organizaciones en todo el país dirigidas por agricultores de color. El mapa detalla a los agricultores que necesitan tierra, recursos y financiamiento, y tiene como objetivo conectarlos con organizaciones, fundaciones y donantes individuales para apoyar su trabajo. Otras organizaciones lideradas por BIPOC [Negros, Indígenas y Gente de Color, por sus iniciales en inglés] que trabajan específicamente en reparaciones incluyen el Northeast Farmers of Color Land Trust y el Black Farmer Fund, un fondo que reúne dinero de inversionistas para proporcionar préstamos no extractivos a empresas agrícolas y alimentarias de propiedad negra (Penniman 2019). A escala nacional, los esfuerzos de reparación son coordinados por la National Black Food and Justice Alliance, un grupo que representa a 21 organizaciones de agricultores, incluida la Cooperación Jackson, la Red Orgánica de Agricultores Afroamericanos del Sureste y el Colectivo Black Dirt Farm, entre otras.

Los agroecólogos tienen mucho que aprender de los agrarios negros, incluso de su legado de agricultura sostenible: las mujeres esclavizadas de África Occidental que llevaron sus sistemas indígenas de arroz desde la región de Senegambia a las Carolinas de los primeros Estados Unidos (Carney 2001); hombres como George Washington Carver, quien, aunque a menudo recordado como un agricultor de maní, abogaba por el policultivo a base de leguminosas, el compostaje y la excavación de basureros (White 2018). A su vez, la agroecología puede tener algo que ofrecer a las comunidades de BIPOC en sus esfuerzos no sólo por recuperar la tierra, sino por permanecer en ella.

5

Conclusión

En este artículo, he argumentado que la COVID-19 apenas inició pero ya ayudó a revelar la opresión sistemática de las comunidades de color y los pobres a través de sus conexiones con la agricultura y la alimentación. El capitalismo racial hace mucho tiempo comenzó a labrar surcos que los patógenos ahora explotan fácilmente: desde paisajes tropicales donde la deforestación impulsada por la agroindustria y el monocultivo están liberando virus que alguna vez estuvieron contenidos, hasta las CAFO[1] donde los patógenos incuban y se propagan con una frecuencia ahora regular; desde los bancos de alimentos y las despensas de alimentos que no pueden mantenerse al día con la creciente demanda de necesidades básicas, hasta la contradicción laboral que enfrentan las comunidades pobres, negras y marrones, cuyo trabajo se considera esencial pero cuyas vidas, evidentemente, no lo son.

Una forma de pensar sobre estas crisis interconectadas es a través de la lente de la brecha metabólica, que considera cómo los ciclos históricos de acumulación han separado a los humanos de los paisajes agrarios, las plantas del ganado y las comunidades del conocimiento práctico de su propia agricultura. La agroecología ofrece una forma de curar esta brecha, ecológica, social y epistémicamente, y se han sentado muchos precedentes para este trabajo. Ecológicamente, las comunidades pueden implementar

---

1. CAFO: Operaciones de alimentación animal concentrada

prácticas agrícolas para mejorar la matriz de la naturaleza. La diversificación a nivel de la granja, el campo y el paisaje no sólo reconstituirá las sinergias entre la biodiversidad, la agricultura y la soberanía alimentaria, sino que también amortiguará la propagación de nuevos virus. Social y epistémicamente, el racismo estructural y el capitalismo racial exigen una atención más activa, reflexiva y comprometida por parte de los agroecólogos si buscan la transformación sobre la reforma. Las protestas masivas contra la policía en medio de la COVID-19 revivieron un discurso claro e intransigente de abolición del que los agroecólogos pueden aprender y apoyar.

Los abolicionistas enseñan que para tener un mundo *con*, debes crear un mundo *sin* — una consigna para los agroecólogos que intentan "escalar" dentro y contra un enorme aparato legal, institucional, material y financiero de la economía alimentaria global actual. Como demuestran los abolicionistas, las propuestas de reforma adoptan formas cada vez más astutas y sofisticadas, que seguramente dividirán las filas de los agroecólogos a menos que comprendan la estrategia tal como es. Los abolicionistas abrazan el cambio revolucionario recordándonos que no hay nada normal, natural o inmutable en las instituciones sociales que la sociedad ha erigido. De la esclavitud a Jim Crow, los que alguna vez fueron "soles eternos" están más cerca del polvo de estrellas ahora. ¿Podemos imaginar, entonces, un mundo sin complejos industriales carcelarios, complejos agroindustriales y otros bastiones del capitalismo racial? Los abolicionistas subrayan que abolir es *un verbo*, un reconocimiento crucial que nos lleva más allá de un binario de identidad abolicionista / agroecólogo hasta donde podemos pensar material y prácticamente en la "agroecología abolicionista" y la "abolición agroecológica." Las reparaciones de tierras constituirán un lugar importante de trabajo abolicionista-agroecológico, al igual que el avance de las prácticas basadas en la biodiversidad y el aprendizaje horizontal para mantener los territorios en manos de las comunidades a largo plazo. La coyuntura de COVID-19 y el racismo sistémico ha creado un momento extraordinario para la agroecología abolicionista, si decidimos tomarlo.

Bibliografía

8toAbolition. 2020. "#8toAbolition." https://www.8toabolition.com. [Google Scholar]

Akuno, K. 2020. "May Day People's Strike! Target, Amazon, Instacart Workers Demand Safe Conditions & Pandemic Relief," Interview with Kali Akuno. *Democracy Now!*. [Google Scholar]

Altieri, M. A. 1995. *Agroecology: The Science of Sustainable Agriculture*. Boulder, CO: Westview Press. [Google Scholar]

Altieri, M. A., and C. I. Nicholls. 2020. "Agroecology and the Reconstruction of a Post-COVID-19 Agriculture." *The Journal of Peasant Studies*, July, 1–18. doi:10.1080/03066150.2020.1782891. [Taylor & Francis Online], [Web of Science®], [Google Scholar]

Altieri, M. A., and V. M. Toledo. 2011. "The Agroecological Revolution in Latin America: Rescuing Nature, Ensuring Food Sovereignty and Empowering Peasants." *Journal of Peasant Studies* 38 (3): 587–612. doi:10.1080/ 03066150.2011.582947. [Taylor & Francis Online], [Web of Science®], [Google Scholar]

Álvarez Febles, N., and G. F. Félix. 2020. "Hurricane María, Agroecology and Climate Change Resiliency." In *Climate Justice and Community Renewal: Resistance and Grassroots Solutions*, edited by B. Tokar, and T. Gilbertson, 1–14. New York, NY: Routledge (pre-print). doi:10.4324/9780429277146. [Crossref], [Google Scholar]

Anderson, C. R., J. Bruil, M. J. Chappell, C. Kiss, and M. P. Pimbert. 2019. "From Transition to Domains of Transformation: Getting to Sustainable and Just Food Systems through Agroecology." *Sustainability* 11 (19): 5272. doi:10.3390/ su11195272. [Crossref], [Web of Science®], [Google Scholar]

Bezner Kerr, R., P. R. Berti, and L. Shumba. 2011. "Effects of a Participatory Agriculture and Nutrition Education Project on Child Growth in Northern Malawi." *Public Health Nutrition* 14 (8): 1466–1472. doi:10.1017/S1368980010002545. [Crossref], [PubMed], [Web of Science®], [Google Scholar]

Bezner Kerr, R., C. Hickey, E. Lupafya, and L. Dakishoni. 2019. "Repairing Rifts or Reproducing Inequalities? Agroecology, Food Sovereignty, and Gender Justice in Malawi." *The Journal of Peasant Studies* 46 (7): 1499–1518. doi:10.1080/03066150.2018.1547897. [Taylor & Francis Online], [Web of Science®], [Google Scholar]

Brent, Z. W., C. M. Schiavoni, and A. Alonso-Fradejas. 2015. "Contextualising Food Sovereignty: The Politics of Convergence among Movements in the USA." *Third World Quarterly* 36 (3): 618–635. doi:10.1080/01436597.2015.1023570. [Taylor & Francis Online], [Web of Science®], [Google Scholar]

Brescia, S., ed. 2017. *Fertile Ground: Scaling Agroecology from the Ground Up*. Oakland, CA: Food First Books. [Google Scholar]

Buttel, F. H. 2005. "Ever Since Hightower: The Politics of Agricultural Research Activism in the Molecular Age." *Agriculture and Human Values* 22 (3): 275–283. doi:10.1007/s10460-005-6043-3. [Crossref], [Web of Science®], [Google Scholar]

Calderón, C. I., C. Jerónimo, A. Praun, J. Reyna, D. Santos Castillo, R. León, R. Hogan, and J. P. Prado Córdova. 2018. "Agroecology-based Farming Provides Grounds for More Resilient Livelihoods among Smallholders in Western Guatemala." *Agroecology and Sustainable Food Systems* 42 (10): 1128–1169. doi:10.1080/21683565.2018.1489933. [Taylor & Francis Online], [Web of Science®], [Google Scholar]

Carney, J. A. 2001. *Black Rice: The African Origins of Rice Cultivation in the Americas*. Cambridge, MA: Harvard University Press. [Google Scholar]

Center for Popular Democracy. 2020. "Congress Must Divest the Billion Dollar Police Budget and Invest in Public Education." *The Center for Popular Democracy*, June 10. [Google Scholar]

Chang, V. L., and S. M. Holmes. 2020. "US Food Workers Are in Danger. That Threatens All of Us." *The Guardian*, April 14. [Google Scholar]

Chappell, M. J. 2018. *Beginning to End Hunger: Food and the Environment in Belo Horizonte, Brazil, and Beyond*. Oakland: University of California Press. [Crossref], [Google Scholar]

Clark, B., and J. B. Foster. 2009. "Ecological Imperialism and the Global Metabolic Rift: Unequal Exchange and the Guano/Nitrates Trade." *International Journal of Comparative Sociology* 50 (3–4): 311–334. doi:10.1177/0020715209105144. [Crossref], [Web of Science®], [Google Scholar]

Clausen, R. 2007. "Healing the Rift." *Monthly Review*, May 1. [Google Scholar]

COC. 2020. "Cops Off Campus: A Statement of Black Solidarity." September. https://bit.ly/3pEE5j5. [Google Scholar]

Collier, A. K. 2018. "A Reparations Map for Farmers of Color May Help Right Historical Wrongs." *Civil Eats*, June 4. [Google Scholar]

Cook, C. D. 2020. "Get Ready for Mass Strikes Across the US this May Day." *In These Times*, April 30. [Google Scholar]

CPD (The Center for Popular Democracy). 2020. "Congress Must Divest the Billion Dollar Police Budget and Invest in Public Education." *The Center for Popular Democracy*, June 10. [Google Scholar]

CR (Critical Resistance). 2012. "Abolitionist Toolkit, Part 4: Common Sense, Frequently Asked Questions, Tools for Framing Abolitionist Arguments in Terms of What We Want." http://criticalresistance.org/wp-content/uploads/2012/06/Ab-Toolkit-Part-4.pdf. [Google Scholar]

CR (Critical Resistance). 2020. "What is the PIC? What is Abolition?" http://criticalresistance.org/about/not-so-common-language/. [Google Scholar]

Crampton, L. 2020. "Meat Shortages Loom due to Plant Closures." *POLITICO: Morning Agriculture*. [Google Scholar]

CRDT (COVID Racial Data Tracker). 2020. "The COVID Racial Data Tracker." *The COVID Tracking Project*. https://covidtracking.com/race. [Google Scholar]

Cronon, W. 1991. *Nature's Metropolis: Chicago and the Great West*. New York: WW Norton & Company. [Google Scholar]

Dagang, A. B. K., and P. K. R. Nair. 2003. "Silvopastoral Research and Adoption in Central America: Recent Findings and Recommendations for Future Directions." *Agroforestry Systems* 59 (2): 149–155. doi:10.1023/A:1026394019808. [Crossref], [Web of Science®], [Google Scholar]

Daszak, P. 2020. "'Pure Baloney': Zoologist Debunks Trump's COVID-19 Origin Theory, Explains Animal-Human Transmission." Interview with Peter Daszak. *Democracy Now!*. [Google Scholar]

Davis, M. 1995. "Hell Factories in the Field: A Prison-Industrial Complex." *The Nation* 260 (7): 229–233. [Web of Science®], [Google Scholar]

Davis, A. Y. 2003. *Are Prisons Obsolete? Open Media Book*. New York: Seven Stories Press. [Google Scholar]

Davis, M. 2020. "Mike Davis on COVID-19: The Monster is at the Door." *Haymarketbooks.org*, March 12. [Google Scholar]

DeLonge, M. S., A. Miles, and L. Carlisle. 2016. "Investing in the Transition to Sustainable Agriculture." *Environmental Science & Policy* 55: 266–273. doi:10.1016/j.envsci.2015.09.013. [Crossref], [Web of Science®], [Google Scholar]

de Molina, M. G., P. Petersen, F. Garrido Peña, and F. R. Caporal. 2020. *Political Agroecology: Advancing the Transition to Sustainable Food Systems*. Boca Raton, FL: CRC Press. [Google Scholar]

Desmond, M. 2019. "American Capitalism is Brutal. You can Trace that to the Plantation." *The New York Times Magazine*, August 14. [Google Scholar]

Du Bois, W. E. B. 1935. *Black Reconstruction in America: Toward a History of the Part of Which Black Folk Played in the Attempt to Reconstruct Democracy in America, 1860–1880*. New Brunswick, NJ: Transaction Publishers. [Google Scholar]

DuPuis, E. M., E. Ransom, and M. R. Worosz. 2020. "Why Farmers are Dumping Milk Down the Drain and Letting Produce Rot in Fields." *The Conversation*, April 23. [Google Scholar]

DuVernay, A. 2016. *13th*. Sherman Oaks, CA: Netflix Original Documentary, Kandoo Films. [Google Scholar]

Edelman, M. 2014. Food sovereignty: forgotten genealogies and future regulatory challenges, *The Journal of Peasant Studies*, 41:6, 959-978, DOI: 10.1080/03066150.2013.876998

EPI (Economic Policy Institute). 2020. "Not Everybody can Work from Home: Black and Hispanic Workers are Much Less Likely to be Able to Telework." *Economic Policy Institute*, March 19. https://www.epi.org/blog/black-and-hispanic-workers-are-much-less-likely-to-be-able-to-work-from-home/. [Google Scholar]

Eskenazi, B., P. Moreno, and A. Voit. 2020. "We Must Assure the Health of Farmworkers." *Monterey Herald*, March 28. https://www.montereyherald.com/guest-opinion-we-must-assure-the-health-of-farmworkers. [Google Scholar]

Evans, S. 2018. "Is Prison Labor the Future of Our Food System?" *Food First*. September 7. https://foodfirst.org/is-prison-labor-the-future-of-our-food-system/. [Google Scholar]

Fairbairn, Madeleine. 2010. "Framing Resistance: International Food Regimes & the Roots of Food Sovereignty." In *Food Sovereignty: Reconnecting Food, Nature and Community*, edited by Hannah Wittman, Annette A. Desmarais, and Wiebe, Nettie, 15–32. Oakland: Food First Books.

FAO, IFAD, UNICEF, WFP, and WHO. 2020. *The State of Food Security and Nutrition in the World 2020: Transforming Food Systems for Affordable Healthy Diets*. Rome: FAO. doi:10.4060/ca9692en. [Crossref], [Google Scholar]

Fearnley, L. 2015. "Wild Goose Chase: The Displacement of Influenza Research in the Fields of Poyang Lake, China." *Cultural Anthropology* 30 (1): 12–35. doi:10.14506/ca30.1.03. [Crossref], [Web of Science®], [Google Scholar]

Fisher, D., and D. Heymann. 2020. "Q&A: The Novel Coronavirus Outbreak Causing COVID-19." *BMC Medicine* 18 (1): 57. doi:10.1186/s12916-020-01533-w. [Crossref], [PubMed], [Web of Science®], [Google Scholar]

Food & Environment Reporting Network. 2020. "Mapping Covid-19 Outbreaks in the Food System." Updated November 30. https://thefern.org/2020/04/mapping-covid-19-in-meat-and-food-processing-plants/. [Google Scholar]

Foster, J. B. 1999. "Marx's Theory of Metabolic Rift: Classical Foundations for Environmental Sociology." *American Journal of Sociology* 105 (2): 366–405. doi:10.1086/210315. [Crossref], [Web of Science®], [Google Scholar]

Foster, J. B., and F. Magdoff. 2000. "Liebig, Marx, and the Depletion of Soil Fertility: Relevance for Today's Agriculture." In *Hungry for Profit: The Agribusiness Threat to Farmers, Food, and the Environment*, edited by F. Magdoff, J. B. Foster, and F. H. Buttel, 43–60. New York: Monthly Review Press. [Google Scholar]

Garbach, K., M. Lubell, and F. A. J. DeClerck. 2012. "Payment for Ecosystem Services: The Roles of Positive Incentives and Information Sharing in Stimulating Adoption of Silvopastoral Conservation Practices." *Agriculture, Ecosystems & Environment* 156: 27–36. doi:10.1016/j.agee.2012.04.017. [Crossref], [Web of Science®], [Google Scholar]

Gies, H. 2018. "Agroecology as a Tool of Sovereignty and Resilience in Puerto Rico after Hurricane Maria." *Civil Eats*, October 19. [Google Scholar]

Gilbert, M., X. Xiao, and T. P. Robinson. 2017. "Intensifying Poultry Production Systems and the Emergence of Avian Influenza in China: A 'One Health/Ecohealth' Epitome." *Archives of Public Health* 75 (1): 48. doi:10.1186/s13690-017-0218-4. [Crossref], [PubMed], [Google Scholar]

Gilmore, R. W. 1999. "Globalisation and US Prison Growth: From Military Keynesianism to Post-Keynesian Militarism." *Race & Class* 40 (2–3): 171–188.

doi:10.1177/030639689904000212. [Crossref], [Web of Science®], [Google Scholar]

Gilmore, R. W. 2007. *Golden Gulag: Prisons, Surplus, Crisis, and Opposition in Globalizing California*. Berkeley: University of California Press. [Crossref], [Google Scholar]

Gilmore, R. W. 2020. "Geographies of Racial Capitalism with Ruth Wilson Gilmore – An Antipode Foundation Film." https://youtu.be/2CS627aKrJI. [Google Scholar]

Giraldo, O. F., and N. McCune. 2019. "Can the State Take Agroecology to Scale? Public Policy Experiences in Agroecological Territorialization from Latin America." *Agroecology and Sustainable Food Systems* 43 (7–8): 785–809. doi:10.1080/21683565.2019.1585402. [Taylor & Francis Online], [Web of Science®], [Google Scholar]

Giraldo, O. F., and P. M. Rosset. 2018. "Agroecology as a Territory in Dispute: Between Institutionality and Social Movements." *The Journal of Peasant Studies* 45 (3): 545–564. doi:10.1080/03066150.2017.1353496. [Taylor & Francis Online], [Web of Science®], [Google Scholar]

Gliessman, S. R. 2015. *Agroecology: The Ecology of Sustainable Food Systems*. 3rd ed. Boca Raton, FL: CRC Press/Taylor & Francis Group. [Google Scholar]

Gobbi, J. 2002. *Enfoques silvopastoriles integrados para el manejo de ecosistemas en Colombia, Costa Rica y Nicaragua: Análisis económico-financiero ex-ante de la inversión en los SSP propuestos para cada país*. [Google Scholar]

Goldberg, J. 2015. "A Matter of Black Lives." *The Atlantic*, September. [Google Scholar]

Grabell, M., C. Perlman, and B. Yeung. 2020. "Emails Reveal Chaos as Meatpacking Companies Fought Health Agencies Over COVID-19 Outbreaks in their Plants." *ProPublica*, June 12. [Google Scholar]

Greger, M. 2020. *How to Survive a Pandemic*. New York: Flatiron Books. [Google Scholar]

Haedicke, M. 2020. "To Understand the Danger of COVID-19 Outbreaks in Meatpacking Plants, Look at the Industry's History." *The Conversation*, May 6. [Google Scholar]

Haley, S. 2016. *No Mercy Here: Gender, Punishment, and the Making of Jim Crow Modernity*. Justice, Power, and Politics. Chapel Hill: The University of North Carolina Press. [Crossref], [Google Scholar]

Hamer, F. L. 1964. "Testimony Before the Credential Committee," Democratic National Convention, delivered August 22, 1964. [Google Scholar]

Hanski, I., and D. Simberloff. 1997. "The Metapopulation Approach, Its History, Conceptual Domain, and Application to Conservation." In *Metapopulation Biology*, edited by I. Hanski, and M. E. Gilpin, 5–26. Elsevier. doi:10.1016/B978-012323445-2/50003-1. [Crossref], [Google Scholar]

Harvey, D. 2020. "Anti-Capitalist Politics in the Time of COVID-19." *Jacobin*. [Google Scholar]

Healy, J. 2020. "Workers Fearful of the Coronavirus are Getting Fired and Losing their Benefits." *The New York Times*, June 4. [Google Scholar]

Heffernan, W. 2000. "Concentration of Ownership and Control in Agriculture." In *Hungry for Profit: The Agribusiness Threat to Farmers, Food, and the Environment*, edited by F. Magdoff, J. B. Foster, and F. H. Buttel, 61–76. New York: Monthly Review Press. [Google Scholar]

Hendrickson, M. K. 2015. "Resilience in a Concentrated and Consolidated Food System." *Journal of Environmental Studies and Sciences* 5 (3): 418–431. doi:10.1007/s13412-015-0292-2. [Crossref], [Google Scholar]

Herskind, M. 2019. "Some Reflections on Prison Abolition"." *Medium*, December 7. [Google Scholar]

HLPE (High Level Panel of Experts). 2019. "Agroecological Approaches and Other Innovations for Sustainable Agriculture and Food Systems that Enhance Food Security and Nutrition.' A Report by the High Level Panel of Experts on Food Security and Nutrition of the Committee on World Food Security, Rome. http://www.fao.org/3/ca5602en/ca5602en.pdf. [Google Scholar]

Holmes, S. M. 2013. *Fresh Fruit, Broken Bodies: Migrant Farmworkers in the United States*. Berkeley: University of California Press. [Crossref], [Google Scholar]

Holt Giménez, E., and A. Shattuck. 2011. "Food Crises, Food Regimes and Food Movements: Rumblings of Reform or Tides of Transformation?" *Journal of Peasant Studies* 38 (1): 109–144. doi:10.1080/03066150.2010.538578. [Taylor & Francis Online], [Web of Science®], [Google Scholar]

Howard, P. H. 2016. *Concentration and Power in the Food System: Who Controls What We Eat?* New York: Bloomsbury. [Crossref], [Google Scholar]

Howard, P. H. 2017. "Consolidation in Global Meat Processing." https://philhoward.net/2017/06/21/consolidation-in-global-meat-processing/. [Google Scholar]

Huang, C., Y. Wang, X. Li, L. Ren, J. Zhao, Y.Hu, L. Zhang, et al. 2020. "Clinical Features of Patients Infected with 2019 Novel Coronavirus in Wuhan, China." *The Lancet* 395 (10223): 497–506. doi:10.1016/S0140-6736(20)30183-5. [Crossref], [PubMed], [Web of Science®], [Google Scholar]

Hui, D. S., E. I. Azhar, T. A. Madani, F. Ntoumi, R. Kock, O. Dar, G. Ippolito, et al. 2020. "The Continuing 2019-NCoV Epidemic Threat of Novel Coronaviruses to Global Health – The Latest 2019 Novel Coronavirus Outbreak in Wuhan, China." *International Journal of Infectious Diseases* 91 (February): 264–266. doi:10.1016/j.ijid.2020.01.009. [Crossref], [PubMed], [Google Scholar]

IAASTD. 2009. *International Assessment of Agricultural Knowledge, Science and Technology for Development: Global Report.* Edited by B. McIntyre, H. R. Herren, J. Wakhungu, and R. T. Watson. Washington, DC: Island Press. [Google Scholar]

IATP and GRAIN. 2018. "Emissions Impossible: How Big Meat and Dairy are Heating Up the Planet." https://www.iatp.org/emissions-impossible. [Google Scholar]

Illing, S. 2020. "The 'Abolish the Police' Movement, Explained by 7 Scholars and Activists." *Vox*, June 12. [Google Scholar]

Immerwahr, D. 2019. *How to Hide an Empire: A History of the Greater United States.* New York: Farrar, Straus and Giroux. [Google Scholar]

IPES-Food. 2016. "From Uniformity to Diversity: A paradigm shift from industrial agriculture to diversified agroecological systems." International Panel of Experts on Sustainable Food systems. [Crossref], [Google Scholar]

Jadhav, R. 2020. "Indian Farmers Feed Strawberries to Cattle as Lockdown Hits Transport." *Reuters*, April 2. [Google Scholar]

Jayaraman, S. 2013. *Behind the Kitchen Door.* Ithaca: Cornell University Press. [Google Scholar]

JHU (Johns Hopkins University). 2020. "COVID-19 Map." *Johns Hopkins Coronavirus Resource Center.* https://coronavirus.jhu.edu/map.html. [Google Scholar]

Johnson, M. 2020. "States Tell Workers They'll Lose Unemployment Benefits If They Refuse to Return to Jobs." *The Hill*, April 28. [Google Scholar]

Johnson, G. T., and A.Lubin, eds. 2017. *Futures of Black Radicalism.* New York City: Verso. [Google Scholar]

Kaba, M. 2020. "Yes, We Mean Literally Abolish the Police." *The New York Times*, June 12. [Google Scholar]

Kandel, W., and E. A. Parrado. 2005. "Restructuring of the US Meat Processing Industry and New Hispanic Migrant Destinations." *Population and Develop-*

ment *Review* 31 (3): 447–471. doi:10.1111/j.1728-4457.2005.00079.x. [Crossref], [Web of Science®], [Google Scholar]

Kelley, R. D. G. 2017. "What did Cedric Robinson Mean by Racial Capitalism?" Text. *Boston Review*, January 12. [Google Scholar]

Kelley, R. D. G. 2020. "Historian Robin D.G. Kelley: Years of Racial Justice Organizing Laid Groundwork for Today's Uprising." *Democracy Now!* June 11. [Google Scholar]

Kremen, C., and A. Miles. 2012. "Ecosystem Services in Biologically Diversified versus Conventional Farming Systems: Benefits, Externalities, and Trade-Offs." *Ecology and Society* 17 (4). doi:10.5751/ES-05035-170440. [Crossref], [Web of Science®], [Google Scholar]

Lappé, F.M., and J. Collins. 1986. *World Hunger: Twelve Myths.* New York, NY: Grove Press.

Latinne, A., B.Hu, K. J. Olival, G. Zhu, L. Zhang, H. Li, A. A. Chmura, et al. 2020. "Origin and Cross-species Transmission of Bat Coronaviruses in China." BioRxiv preprint: *Evolutionary Biology.* doi:10.1101/2020.05.31.116061. [Crossref], [PubMed], [Google Scholar]

Levins, R. 1969. Some demographic and genetic consequences of environmental heterogeneity for biological control. *American Entomologist,* 15(3): 237-240.

LFGP (List of George Floyd Protests). 2020. "List of George Floyd Protests Outside the United States." *Wikipedia.* [Google Scholar]

Lucas, A. 2020. "Meatpacking Union Says 25% of US Pork Production Hit by Coronavirus Closures." *CNBC.* April 23. https://www.cnbc.com/2020/04/23/meatpacking-union-says-25percent-of-us-pork-production-hit-by-coronavirus-closures.html. [Google Scholar]

Lynteris, C., and L. Fearnley. 2020. "Why Shutting Down Chinese 'Wet Markets' Could be a Terrible Mistake." *The Conversation,* January 31. [Google Scholar]

M4BL (Movement for Black Lives). 2020a. "Defund Toolkit: Concrete Steps toward Divestment from Policing & Investment in Community Safety." *Defund Toolkit.* https://bit.ly/3pzn7Cw. [Google Scholar]

M4BL (Movement for Black Lives). 2020b. "Week of Action: TUESDAY – Invest/Divest." June. https://m4bl.org/week-of-action/tuesday/. [Google Scholar]

MADR (Mutual Aid Disaster Relief). 2020. "When Every Community is Ground Zero: Pulling Each Other Through a Pandemic." March 14. https://mutualaiddisasterrelief.org/when-every-community-is-ground-zero-pulling-each-other-through-a-pandemic/. [Google Scholar]

Mandel, E. 1970. *An introduction to Marxist economic thought.* New York: Pathfinder, p. 52.

Martínez-Torres, M.E., and P.M. Rosset. 2010. "La Vía Campesina: The Birth and Evolution of a Transnational Social Movement." *The Journal of Peasant Studies* 37 (1): 149–75. doi:10.1080/03066150903498804.

Martínez-Torres, M.E., and P.M. Rosset. 2014. "*Diálogo de Saberes* in La Vía Campesina: Food Sovereignty and Agroecology." *The Journal of Peasant Studies* 41 (6): 979–997. [Taylor & Francis Online], [Web of Science®], [Google Scholar]

Marx, K. 1981. *Capital, Volume 3.* New York: Vintage. [Google Scholar]

Mayer, J. 2020. "How Trump is Helping Tycoons Exploit the Pandemic." *The New Yorker*, July 20. [Google Scholar]

McCarty, E. 2020. "Yakima County Farmworkers Called 'Sacrificial Lambs' of Pandemic." *Crosscut*, June 29. [Google Scholar]

Mandel, E. *An Introduction to Marxist Economic Thought* (New York: Pathfinder, 1970), p. 52

Méndez, V. E., C. M. Bacon, R. Cohen, and S. R. Gliessman, eds. 2016. *Agroecology: A Transdisciplinary, Participatory and Action-oriented Approach.* Boca Raton: CRC Press. [Google Scholar]

Meyersohn, N. 2020. "Black Grocery Workers Feel Increasingly Vulnerable to Coronavirus." *CNN*, April 15. [Google Scholar]

Mier y Terán Giménez Cacho, M., O. F. Giraldo, M. Aldasoro, H. Morales, B. G. Ferguson, P. Rosset, A. Khadse, and C. Campos. 2018. "Bringing Agroecology to Scale: Key Drivers and Emblematic Cases." *Agroecology and Sustainable Food Systems* 42 (6): 637–665. doi:10.1080/21683565.2018.1443313. [Taylor & Francis Online], [Web of Science®], [Google Scholar]

Mitchell, T. J. 2020. "Smithfield Foods Employee Tests Positive for Coronavirus." *Argus Leader*, March 26. [Google Scholar]

Moore, J. W. 2000. "Environmental Crises and the Metabolic Rift in World-historical Perspective." *Organization & Environment* 13 (2): 123–157. doi:10.1177/1086026600132001. [Crossref], [Google Scholar]

MPD150. 2020. "What are We Talking about When We Talk about 'a Police-free Future?'" June 10. http://www.mpd150.com/what-are-we-talking-about-when-we-talk-about-a-police-free-future/. [Crossref], [Google Scholar]

Mulvany, L., J. Skerritt, P. Mosendz, and J. Attwood. 2020. "Scared and Sick, US Meat Workers Crowd into Reopened Plants." *Bloomberg News*, May 21. [Google Scholar]

Myers, S. L. 2020. "China's Omnivorous Markets are in the Eye of a Lethal Outbreak Once Again." *The New York Times*, January 25. [Google Scholar]

National Academies of Sciences, Engineering, and Medicine. 2005. *The Threat of Pandemic Influenza: Are We Ready?' Workshop Summary*. Washington, DC: National Academies Press. doi:10.17226/11150. [Crossref], [Google Scholar]

NBJFA (National Black Food & Justice Alliance). 2020. "Modes of Focus: Land Liberation." https://www.blackfoodjustice.org. [Google Scholar]

Nelson, K. A., and C. Marston. 2020. "Refugee Migration Histories in a Meatpacking Town: Blurring the Line between Primary and Secondary Migration." *Journal of International Migration and Integration* 21 (1): 77–91. doi:10.1007/s12134-019-00694-9. [Crossref], [Web of Science®], [Google Scholar]

Nelson, M. I., C. Viboud, A. L. Vincent, M. R. Culhane, S. E. Detmer, D. E. Wentworth, A. Rambaut, M. A. Suchard, E. C. Holmes, and P. Lemey. 2015. "Global Migration of Influenza A Viruses in Swine." *Nature Communications* 6 (1): 6696. doi:10.1038/ncomms7696. [Crossref], [PubMed], [Google Scholar]

Newkirk, V. R. 2019. "The Great Land Robbery." *The Atlantic*, September. [Google Scholar]

Nicholls, C. I., and M. A. Altieri. 2018. "Pathways for the Amplification of Agroecology." *Agroecology and Sustainable Food Systems* 42 (10): 1170–1193. doi:10.1080/21683565.2018.1499578. [Taylor & Francis Online], [Web of Science®], [Google Scholar]

Nylen, L., and L. Crampton. 2020. "'Something isn't Right': US Probes Soaring Beef Prices." *Politico*, May 25. [Google Scholar]

Nyéléni 2007. "Declaration of Nyéléni – Via Campesina – Newsletter, Bulletin, Boletin." Sélingué, Mali. https://nyeleni.org/spip.php?article290.

NYT (New York Times). 2020. "Why is OSHA AWOL?" *The New York Times Editorial Board*, June 21. https://www.nytimes.com/2020/06/21/opinion/coronavirus-osha-work-safety.html. [Google Scholar]

Oppel, R. A., R. Gebeloff, K. K. R. Lai, W. Wright, and M. Smith. 2020. "The Fullest Look Yet at the Racial Inequity of Coronavirus." *The New York Times*, July 5. [Google Scholar]

OSHA (Occupational Health and Safety Administration). 2020. "Statement of Enforcement Policy Regarding Meat and Poultry Processing Facilities." United States Department of Labor, April 28. https://www.dol.gov/newsroom/releases/osha/osha20200428-1. [Google Scholar]

PAeP (People's Agroecology Process). 2020a. "The People's Agroecology Process: Unlocking Our Power through Agroecology." June. https://whyhunger.org/wp-content/uploads/2020/06/1132-People-Agroecology_ENGLISH_ONLINE-Single.pdf. [Google Scholar]

PAeP (People's Agroecology Process). 2020b. "The People's Agroecology Process: Webinar." June 24. [Google Scholar]

Pagiola, S., E. Ramírez, J. Gobbi, C. de Haan, M. Ibrahim, E. Murgueitio, and J. P. Ruíz. 2007. "Paying for the Environmental Services of Silvopastoral Practices in Nicaragua." *Ecological Economics* 64 (2): 374–385. doi:10.1016/j.ecolecon.2007.04.014. [Crossref], [Web of Science®], [Google Scholar]

Patel, R. 2009. "Food Sovereignty." *The Journal of Peasant Studies* 36 (3): 663–706. doi:10.1080/03066150903143079.

Penniman, L. 2019. "A New Generation of Black Farmers is Returning to the Land." *Yes! Magazine*, November 19. https://www.yesmagazine.org/social-justice/2019/11/19/land-black-farmers-reparations. [Google Scholar]

Perfecto, I., J. H. Vandermeer, and A. L. Wright. 2009. *Nature's Matrix: Linking Agriculture, Conservation and Food Sovereignty*. London; Sterling, VA: Earthscan. [Crossref], [Google Scholar]

Pershan, C. 2020. "Restaurant and Bar Employees Make Up 60 Percent of Jobs Lost in March." *Eater*, April 6. [Google Scholar]

Pew. 2009. "A Portrait of Unauthorized Immigrants in the United States." *Pew Research Center's Hispanic Trends Project*. https://www.pewresearch.org/wp-content/uploads/sites/5/reports/107.pdf. [Google Scholar]

Pfannenstiel, B. 2020. "Iowa Officials Won't Disclose Coronavirus Outbreaks at Meatpacking Plants Unless Media Asks." *Des Moines Register*, May 27. [Google Scholar]

Philpott, T. 2009. "Symptom: Swine Flu. Diagnosis: Industrial Agriculture?" *Grist*, April 29. [Google Scholar]

Pimbert, M. 2015. "Agroecology as an Alternative Vision to Conventional Development and Climate-Smart Agriculture." *Development* 58 (2): 286–298. doi:10.1057/s41301-016-0013-5. [Crossref], [Google Scholar]

PPI (Prison Policy Initiative). 2020. "Mass Incarceration: The Whole Pie 2020." March 24. https://www.prisonpolicy.org/reports/pie2020.html. [Google Scholar]

Proctor, C. 2020. "As Businesses Prepare to Reopen, Workers Weigh COVID-19 Risk against the Need for a Paycheck." *The Texas Tribune*, April 28. [Google Scholar]

Reese, A., and R. Carr. 2020. "Overthrowing the Food System's Plantation Paradigm." *Civil Eats*, June 19. [Google Scholar]

Rigueiro-Rodríguez, A., J. McAdam, and M. R. Mosquera-Losada. 2008. *Agroforestry in Europe: Current Status and Future Prospects.* Netherlands: Springer. [Google Scholar]

Rios, E. 2020. "How Black Oaklanders Finally Expelled the School Police." *Mother Jones*, November/December. [Google Scholar]

Robbins, P. 2011. *Political Ecology: A Critical Introduction.* 2nd ed. Malden: J. Wiley & Sons. [Google Scholar]

Robbins, J. 2012. "The Ecology of Disease." *The New York Times*, July 14. https://www.nytimes.com/2012/07/15/sunday-review/the-ecology-of-disease.html. [Google Scholar]

Robinson, C. 1983. *Black Marxism: The Making of the Black Radical Tradition.* Chapel Hill: University of North Carolina Press. [Google Scholar]

ROC United (Restaurant Opportunities Centers United). 2019. *Building the High Road to Racial Equity: Addressing Implicit Bias in the San Francisco Bay Area Restaurant Industry.* https://chapters.rocunited.org/wp-content/uploads/2019/06/TheHighRoad_RacialEquity_Report.pdf. [Google Scholar]

Roman-Alcalá, A. 2020. "Agrarian Anarchism and Authoritarian Populism: Towards a More (State-)Critical 'Critical Agrarian Studies'." *The Journal of Peasant Studies*, May, 1–31. doi:10.1080/03066150.2020.1755840. [Taylor & Francis Online], [Web of Science®], [Google Scholar]

Rosset, P. M., B. Machín Sosa, A. M. Roque Jaime, and D. R. Ávila Lozano. 2011. "The *Campesino-to-Campesino* Agroecology Movement of ANAP in Cuba: Social Process Methodology in the Construction of Sustainable Peasant Agriculture and Food Sovereignty." *Journal of Peasant Studies* 38 (1): 161–191. doi:10.1080/03066150.2010.538584. [Taylor & Francis Online], [Web of Science®], [Google Scholar]

Sachs, C., and A. Patel-Campillo. 2014. "Feminist Food Justice: Crafting a New Vision." *Feminist Studies* 40 (2): 396–410. doi:10.15767/feministstudies.40.2.396. [Crossref], [Web of Science®], [Google Scholar]

Samuel, S. 2020. "The Meat We Eat is a Pandemic Risk, Too." *Vox*, April 22. [Google Scholar]

Saxena, J. 2020. "The Livelihoods of Food-service Workers are Completely Uncertain." *Eater*, March 18. [Google Scholar]

Schanzenbach, D. W., and A. Pitts. 2020. "Estimates of Food Insecurity during the COVID-19 Crisis: Results from the COVID Impact Survey, Week 1 (April 20–26, 2020). Institute for Policy Research Rapid Research." https://www.ipr.northwestern.edu/news/2020/food-insecurity-triples-for-families-during-covid.html. [Google Scholar]

Schanzenbach, D. W., and N. Tomeh. 2020. "Visualizing Food Insecurity." Institute for Policy Research Rapid Research. https://www.ipr.northwestern.edu/documents/reports/ipr-rapid-research-reports-app-visualizes-food-insecurity-14-july-2020.pdf. [Google Scholar]

Schell, C. J., K. Dyson, T. L. Fuentes, S. Des Roches, N. C. Harris, D. S. Miller, C. A. Woelfle-Erskine, and M. R. Lambert. 2020. "The Ecological and Evolutionary Consequences of Systemic Racism in Urban Environments." *Science*, August. doi:10.1126/science.aay4497. [Crossref], [PubMed], [Web of Science®], [Google Scholar]

Schlosser, E. 2001. "The Most Dangerous Job in America." *Mother Jones*, July/August. [Google Scholar]

Schlosser, E. 2020. "America's Slaughterhouses aren't Just Killing Animals." *The Atlantic*, May 12. [Google Scholar]

Schneider, M. 2017. "Wasting the Rural: Meat, Manure, and the Politics of Agro-Industrialization in Contemporary China." *Geoforum* 78 (January): 89–97. doi:10.1016/j.geoforum.2015.12.001. [Crossref], [Google Scholar]

Schneider, M., and P. McMichael. 2010. "Deepening, and Repairing, the Metabolic Rift." *The Journal of Peasant Studies* 37 (3): 461–484. doi:10.1080/03066150.2010.494371. [Taylor & Francis Online], [Web of Science®], [Google Scholar]

Shattuck, A., C. M. Schiavoni, and Z. VanGelder. 2015. Translating the politics of food sovereignty: Digging into contradictions, uncovering new dimensions. *Globalizations* 12 (4): 421-433.

Singh, M., and N. Lakhani. 2020. "George Floyd Killing: Peaceful Protests Sweep America as Calls for Racial Justice Reach New Heights." *The Guardian*, June 7. [Google Scholar]

Smithfield. 2020. "Smithfield Foods Addresses Misinformation amid COVID-19 Crisis." April 25. https://www.nationalhogfarmer.com/business/smithfield-foods-addresses-misinformation-amid-covid-19-crisis. [Google Scholar]

Snipstal, B. 2015. "Repeasantization, Agroecology and the Tactics of Food Sovereignty." *Canadian Food Studies/La Revue canadienne des études sur l'alimentation* 2 (2): 164–173. doi:10.15353/cfs-rcea.v2i2.132. [Crossref], [Google Scholar]

Soul Fire. 2018. "Reparations Map for Black-Indigenous Farmers." *Soul Fire Farm*, February 2. https://www.soulfirefarm.org/get-involved/reparations/. [Google Scholar]

SSJ (Scholars for Social Justice). 2020. "Defund the Police – An SSJ Webinar on Police, Race, and the University." June 20. https://youtu.be/tLqNP3F5G4w. [Google Scholar]

Sternlicht, A. 2020. "Navajo Nation Has Most Coronavirus Infections Per Capita In US, Beating New York, New Jersey." *Forbes*, May 19. [Google Scholar]

Stewart, E. 2020. "The Essential Worker Trap." *Vox*, May 5. [Google Scholar]

Sun, H., Y. Xiao, J. Liu, D. Wang, F. Li, C. Wang, C. Li, et al. 2020. "Prevalent Eurasian Avian-like H1N1 Swine Influenza Virus with 2009 Pandemic Viral Genes Facilitating Human Infection." *Proceedings of the National Academy of Sciences*, June. doi:10.1073/pnas.1921186117. [Crossref], [Google Scholar]

Tarlau, R. 2020. "Activist Farmers in Brazil Feed the Hungry and Aid the Sick as President Downplays Coronavirus Crisis." *The Conversation*, May 5. [Google Scholar]

Taylor, K.-Y. 2020a. "Of Course There Are Protests. The State is Failing Black People." *The New York Times*, May 29. [Google Scholar]

Taylor, K.-Y. 2020b. "America's Moment of Reckoning': Keeanga-Yamahtta Taylor & Cornel West on Uprising Against Racism." *Democracy Now!* July 3. [Google Scholar]

Thompson, S., and D. Berkowitz. 2020. "USDA Allows Poultry Plants to Raise Line Speeds, Exacerbating Risk of COVID-19 Outbreaks and Injury." *National Employment Law Project*, June 17. [Google Scholar]

Tuckman, J., and R. Booth. 2009. "Four-Year-Old Could Hold Key in Search for Source of Swine Flu Outbreak." *The Guardian*, April 27. [Google Scholar]

Tyson, John H. 2020. "Tyson Ad." *Washington Post*, April 26. https://www.washingtonpost.com/context/tyson-ad/86b9290d-115b-4628-ad80-0e679dcd2669/. [Google Scholar]

UCLA (University of California Los Angeles). 2020. "Divestment Now Demands from UCLA Faculty." June 11. https://ucla.app.box.com/s/sdt4rqz92ioa81l5y53er8jkaegtd9t9. [Google Scholar]

UFCW (United Food and Commercial Workers). 2020. "Trump Order to Keep Meatpacking Plants Open Must Include Immediate Action to Strengthen Coronavirus Testing and Safety Measures." *UFCW Press Release*, April 28. [Google Scholar]

US Congress. 2020. "Text – S.3548 – 116th Congress (2019-2020): CARES Act." https://www.congress.gov/116/bills/s3548/BILLS-116s3548is.pdf. [Google Scholar]

USDA (United States Department of Agriculture). 2019. "2017 Census of Agriculture Highlights: Black Producers." https://www.nass.usda.gov/Publications/Highlights/2019/2017Census_Black_Producers.pdf. [Google Scholar]

USDA-ERS (United States Department of Agriculture Economic Research Service). 2020. "Livestock & Meat Domestic Data, 2019–2020." https://www.ers.usda.gov/data-products/livestock-meat-domestic-data/livestock-meat-domestic-data/#All%20meat%20statistics. [Google Scholar]

US Department of Agriculture. 2018. "US Food-away-from-Home Spending Continued to Outpace Food-at-Home Spending in 2018." http://www.ers.usda.gov/data-products/chart-gallery/gallery/chart-detail/?chartId=58364. [Google Scholar]

USDL (US Department of Labor). 2020. "The Employment Situation: April 2020." *New Release*, Bureau of Labor Statistics, May 8. https://www.bls.gov/news.release/archives/empsit_05082020.htm. [Google Scholar]

USFSA (US Food Sovereignty Alliance). 2018. "Food Sovereignty and Energy Democracy in Just Transitions." October 3. http://usfoodsovereigntya-lliance.org/food-sovereignty-and-energy-democracy-in-just-transitions/. [Google Scholar]

Uyeda, R. L. 2020. "A New Native Seed Cooperative Aims to Rebuild Indigenous Foodways." *Civil Eats*. November 10. [Google Scholar]

van den Berg, L., M. B. Goris, J. H. Behagel, G. Verschoor, E. Turnhout, M. I. V. Botelho, and I. Silva Lopes. 2019. "Agroecological Peasant Territories: Resistance and Existence in the Struggle for Emancipation in Brazil." *The Journal of Peasant Studies*, 1–22. doi:10.1080/03066150.2019.1683001. [Taylor & Francis Online], [Web of Science®], [Google Scholar]

Vandermeer, J. H. 2011. *The Ecology of Agroecosystems*. Sudbury, MA: Jones and Bartlett Publishers. [Google Scholar]

van der Ploeg, J. D., D. Barjolle, J. Bruil, G. Brunori, L. M. Costa Madureira, J. Dessein, Z. Drąg, et al. 2019. "The Economic Potential of Agroecology: Empirical

Evidence from Europe." *Journal of Rural Studies* 71 (October): 46–61. doi:10.1016/
j.jrurstud.2019.09.003. [Crossref], [Google Scholar]

Vanloqueren, G., and P. V. Baret. 2009. "How Agricultural Research Systems Shape
a Technological Regime that Develops Genetic Engineering but Locks out
Agroecological Innovations." *Research Policy* 38 (6): 971–983. doi:10.1016/j.res-
pol.2009.02.008. [Crossref], [Web of Science®], [Google Scholar]

Wallace, R. 2009a. "The Hog Industry Strikes Back." *Farming Pathogens.* https://far-
mingpathogens.wordpress.com/2009/06/01/the-hog-industry-strikes-
back/. [Google Scholar]

Wallace, R. 2009b. "The NAFTA Flu." *Farming Pathogens.* https://farmingpatho-
gens.wordpress.com/2009/04/28/the-nafta-flu/. [Google Scholar]

Wallace, R. 2020. "Midvinter-19: *On the origins of SARS-CoV-2.*" May 5.
https://www.patreon.com/posts/midvinter-19-36797182. [Google Scholar]

Wallace, R. G., R. Kock, L. Bergmann, M. Gilbert, L. Hogerwerf, C. Pittiglio, R. Mat-
tioli, and R. Wallace. 2015. "Did Neoliberalizing West African Forests Produce
a New Niche for Ebola?" *International Journal of Health Services* 46 (1): 149–165.
doi:10.1177/0020731415611644. [Crossref], [PubMed], [Web of Science®], [Goo-
gle Scholar]

Wallace, R., A. Liebman, L. Fernado Chaves, and R. Wallace. 2020. "COVID-19 and
Circuits of Capital." *Monthly Review,* May 1. [Google Scholar]

Waltenburg, M., T. Victoroff, C. Rose, M. Butterfield, R. Jervis, K. Fedak, J. Gabel,
et al. 2020. "CDC Update: COVID-19 Among Workers in Meat and Poultry
Processing Facilities – United States, April–May 2020." *MMWR. Morbidity and
Mortality Weekly Report* 69 (27): 887–892. doi:10.15585/
mmwr.mm6927e2. [Crossref], [PubMed], [Web of Science®], [Google Scholar]

Walzer, C., and A.Kang. 2020. "Abolish Asia's 'Wet Markets,' Where Pandemics
Breed." *Wall Street Journal,* January 27. [Google Scholar]

Wang, C., E. Cheng, and E. Huang. 2020. "Coronavirus Live Updates: Chinese
Health Officials Say Death Toll Has Risen to 132." *CNBC,* January 29.
https://www.cnbc.com/2020/01/28/coronavirus-live-updates-china-
hubei.html. [Google Scholar]

Warner, K., K. Daane, C. Getz, S. Maurano, S. Calderon, and K. Powers. 2011. "The
Decline of Public Interest Agricultural Science and the Dubious Future of
Crop Biological Control in California." *Agriculture and Human Values* 28 (4):
483–496. doi:10.1007/s10460-010-9288-4. [Crossref], [Web of Science®], [Goo-
gle Scholar]

Weis, A. J. 2013. *The Ecological Hoofprint: The Global Burden of Industrial Livestock*. London: Zed Books. [Crossref], [Google Scholar]

White, M. M. 2018. *Freedom Farmers: Agricultural Resistance and the Black Freedom Movement*. Chapel Hill: The University of North Carolina Press. [Crossref], [Google Scholar]

White House. 2020. "President Donald J. Trump is Taking Action to Ensure the Safety Of Our Nation's Food Supply Chain." April 28. https://www.whitehouse.gov/briefings-statements/president-donald-j-trump-taking-action-ensure-safety-nations-food-supply-chain/. [Google Scholar]

WHO (World Health Organization). 2020. "Novel Coronavirus – China, Disease Outbreak News." World Health Organization. January 12. http://www.who.int/csr/don/12-january-2020-novel-coronavirus-china/en/. [Google Scholar]

Willett, W., J. Rockström, B. Loken, M. Springmann, T. Lang, S. Vermeulen, T. Garnett, et al. 2019. "Food in the Anthropocene: The EAT–Lancet Commission on Healthy Diets from Sustainable Food Systems." *The Lancet* 393 (10170): 447–492. doi:10.1016/S0140-6736(18)31788-4. [Crossref], [PubMed], [Web of Science®], [Google Scholar]

Wittman, H. 2009. "Reworking the Metabolic Rift: La Vía Campesina, Agrarian Citizenship, and Food Sovereignty." *Journal of Peasant Studies* 36 (4): 805–826. doi:10.1080/03066150903353991. [Taylor & Francis Online], [Web of Science®], [Google Scholar]

Wittman, H., A. A. Desmarais, and N. Wiebe, eds. 2010. *Food Sovereignty: Reconnecting Food, Nature and Community*. Oakland, CA: Food First Books.

WMHC (Wuhan Municipal Health Commission). 2019. "Wuhan Municipal Health Commission." http://wjw.wuhan.gov.cn/front/web/showDetail/20191231089. [Google Scholar]

World Food Programme. 2020. "WFP Chief Warns of Hunger Pandemic as COVID-19 Spreads." Statement to UN Security Council, World Food Programme, April 21. https://www.wfp.org/news/wfp-chief-warns-hunger-pandemic-covid-19-spreads-statement-un-security-council. [Google Scholar]

Wu, J., W. Cai, D. Watkins, and J. Glanz. 2020. "How the Virus Got Out." *The New York Times*, March 22. [Google Scholar]

Wu, P., X. Hao, E. Lau, J. Wong, K. Leung, J. Wu, B. Cowling, and G. Leung. 2020. "Real-time Tentative Assessment of the Epidemiological Characteristics of Novel Coronavirus Infections in Wuhan, China." *Eurosurveillance* 25

(3), doi:10.2807/1560-7917.ES.2020.25.3.2000044. [Crossref], [Web of Science®], [Google Scholar]

Yaffe-Bellany, D., and M. Corkery. 2020. "Dumped Milk, Smashed Eggs, Plowed Vegetables: Food Waste of the Pandemic." *The New York Times*, April 11. [Google Scholar]

Yglesias, M. 2020. "8 can't Wait, Explained." *Vox*, June 5. [Google Scholar]

Zhang, Q., and J. Donaldson. 2008. "The Rise of Agrarian Capitalism with Chinese Characteristics: Agricultural Modernization, Agribusiness and Collective Land Rights." *The China Journal* 60: 25–47. doi:10.1086/tcj.60.20647987. [Crossref], [Web of Science®], [Google Scholar]

Zhang, T., Q. Wu, and Z. Zhang. 2020. "Probable Pangolin Origin of SARS-CoV-2 Associated with the COVID-19 Outbreak." *Current Biology* 30 (7): 1346–1351.e2. doi:10.1016/j.cub.2020.03.022. [Crossref], [PubMed], [Web of Science®], [Google Scholar]

Zhou, P., H. Fan, T. Lan, X.-L. Yang, W.-F. Shi, W. Zhang, Y. Zhu, et al. 2018. "Fatal Swine Acute Diarrhoea Syndrome Caused by an HKU2-Related Coronavirus of Bat Origin." *Nature* 556 (7700): 255–258. doi:10.1038/s41586-018-0010-9. [Crossref], [PubMed], [Web of Science®], [Google Scholar]

Agradecimientos

Una versión anterior de este artículo apareció en *The Journal of Peasant Studies* [La Revista de Estudios Campesinos]. Una beca posdoctoral presidencial de la Universidad de California apoyó en parte este trabajo. Me gustaría agradecer a Rob Wallace por afinar los puntos sobre ecologías pandémicas y tres revisores anónimos que hicieron su buen trabajo para mejorar el esfuerzo. Un agradecimiento especialmente grande a SA Smythe, Nick Mitchell, Charmaine Chua, Hannah Appel, Erin Debenport, Amy Ritterbusch, Joshua Clover, Jennifer Kelly, Jessica Taft, los estudiantes graduados de UC Santa Cruz y muchos otros trabajadores de UC por compartir sus conocimientos sobre la abolición y dándome la bienvenida a la organización de espacios. Cualquier error en el análisis o de otro tipo es puramente mío.

Acerca de la autora

Maywa Montenegro de Wit es una investigadora transdisciplinaria que trabaja en la intersección de la agroecología, la ecología política y los estudios de ciencia y tecnología en cuestiones ampliamente relacionadas con las transformaciones en sistemas alimentarios equitativos. Como profesora asistente en el departamento de Estudios Ambientales de la UC Santa Cruz, entrelaza una formación en biología molecular y periodismo científico en enfoques críticos de ciencias sociales para la investigación y educación de sistemas alimentarios. Sus intereses actuales en la enseñanza y la investigación incluyen el editar de genes en la agricultura, el acceso público o comunitario como alternativo a la propiedad intelectual, la praxis abolicionista y las políticas del conocimiento de la agroecología y los movimientos de soberanía alimentaria a nivel mundial.

Ciudadana estadounidense de primera generación, la Dra. Montenegro se crió en la zona rural de Appalachia y es hija de un padre indígena quechua descendiente y una madre holandesa. Su trabajo de doctorado en UC Berkeley exploró las tendencias de la pérdida de la agrobiodiversidad a través de la lente del colonialismo, la Revolución Verde y las políticas del conocimiento que configuran los paisajes contemporáneos de despojo y recuperación. Su postdoctorado en UC Davis amplió esta investigación al editado de genes usando CRISPR / Cas en sistemas alimentarios, específicamente aclarando cómo los discursos de "democratización" permiten que se desarrollen posibilidades contradictorias en la creación, el intercambio y el gobierno de nuevas tecnologías. Como nueva profesora en UC Santa Cruz, continúa investigando nuevas biotecnologías, vías que conectan la agrobiodiversidad con la salud / nutrición humana y futuros alimentarios agroecológicos-abolicionistas. La Dra. Montenegro es editora asociado del *Journal of Agroecology and Sustainable Food Systems*, es miembro de la junta directiva del *Journal of Agriculture and Human Values* y cofacilita el *Agroecology Research-Action Collective* (ARC).